Salmo 23

Publicações RBC

DAVID ROPER

A CANÇÃO
DE UM CORAÇÃO
DESPERTADO
PELO AMOR

Salmo 23

ESPERANÇA E DESCANSO VINDOS DO PASTOR

Psalm 23: The Song of a Passionate Heart
Copyright © 1994 by David Roper
Translated and Published by special arrangement with
Discovery House Publishers,
3000 Kraft Avenue SE, Grand Rapids, Michigan, 49512 USA.

Tradução:	Tania M. Korndorfer
	Fernando J. Korndorfer
Revisão:	Rita Rosário
	Denise Carón Lopes
Diagramação:	Audrey Ribeiro
Capa:	Cristina Férnandez-Mershon

Roper, David
 Salmo 23: esperança e descanso vindos do Pastor/ David Roper; tradução Fernando J. Korndorfer e Tania M. Korndorfer – Curitiba/PR, Publicações RBC.

 Titulo original: Psalm 23: The Song of a Passionate Heart

 1. Bíblia. Velho Testamento. Salmo 23 – meditações

Proibida a reprodução total ou parcial. Todos os direitos reservados.

Exceto quando indicado no texto, os trechos bíblicos mencionados são da Nova Versão Internacional (NIV) © 2000 Sociedade Bíblica Internacional.

Traduzido e publicado por:

Publicações RBC
Rua Nicarágua 2128, Bacacheri, 82515-260 Curitiba/PR, Brasil
Visite o nosso site: www.ministeriosrbc.com.br

ISBN: 978-1-57293-292-0
Código: ER591

Printed in Brazil – Impresso no Brasil

CONTEÚDO

O Crescimento Através da Escuridão........................9

Um Salmo de Davi 13

"Carência" 17

O Senhor é o meu pastor; de nada terei falta 35

Em verdes pastagens me faz repousar
e me conduz a águas tranqüilas 61

Restaura-me o vigor. Guia-me nas veredas
da justiça por amor do seu nome 87

Mesmo quando eu andar
por um vale de trevas e morte,
não temerei perigo algum, pois tu estás comigo;
a tua vara e o teu cajado me protegem 111

Preparas um banquete para mim
à vista dos meus inimigos. Tu me honras,
ungindo a minha cabeça com óleo
e fazendo transbordar o meu cálice............................127

Sei que a bondade e a fidelidade me
acompanharão todos os dias da minha vida,
e voltarei à casa do Senhor enquanto eu viver...........143

DEDICATÓRIA

Com ternas lembranças do meu mentor
e amigo querido
Ray Stedman
que jamais vendia a verdade
para se entregar ao momento,
nem disputou o poder com o Deus eterno.

O CRESCIMENTO ATRAVÉS DA ESCURIDÃO

Os degraus do grande altar do mundo,
que sobem para Deus através da escuridão
—ALFRED TENNYSON

CERTA NOITE HÁ ALGUNS ANOS ATRÁS, eu voltava do trabalho para casa, quando senti que não tinha mais 'gás'. Pensei que fosse apenas uma segunda-feira daquelas, ou então um ataque agudo de tédio. Nada que uma boa noite de sono não resolvesse. Mas estava enganado.

Nos dias seguintes, me descobri em um lugar muito escuro. A cada manhã acordava melancólico, lutando para sair da tristeza. Sentia-me como um equilibrista à borda de um precipício, mal conseguindo me segurar, com medo e receio de me mover e cair no abismo escuro.

O trabalho tornou-se um doloroso dever, um esforço desesperado. As pessoas problemáticas eram um incômodo; os amigos alegres e bem-dispostos eram uma grande provação. Queria fugir de tudo e de todos: aposentar-me mais cedo, construir uma

cabana na floresta, ou conseguir um emprego permanente num distante farol. Não havia nada pelo qual valesse a pena viver, e eu não conseguia pensar em algo pelo qual estivesse disposto a morrer.

Ah, sim, havia lampejos de prazer—ocasiões que me faziam pensar que estivesse saindo do abatimento, mas logo caía novamente naquela velha rotina de infelicidade. E em cada uma destas ocasiões me aproximava mais do desespero. Eu conseguia lidar com a tristeza, mas era cada vez mais difícil manter a esperança.

Os amigos sugeriam que minha insatisfação era resultado do estresse, ou das perdas, ou que estava sentindo o peso dos anos. E daí? O que poderia fazer? Procurei bons conselhos. Li bons livros. Não conseguia sair de minha própria "bolha". Nada conseguia substituir a escuridão. A cada dia havia um matiz diferente de tristeza.

Então, certa manhã, algo me fez lembrar um velho poema—o Salmo Vinte e Três—e a lírica das letras daquela obra se tornaram a minha segurança. Acordava todos os dias e me agarrava àquelas palavras. Grudava nelas como uma sanguessuga, repetia as palavras, refletia sobre elas, proclamava-as para mim mesmo. O Salmo Vinte e Três tornou-se o meu credo.

Numa manhã de primavera, há pouco tempo atrás, quando acordei, as nuvens haviam se dispersado e o sol começava a brilhar. Não sei o que me tirou das trevas, mas uma coisa eu sei: minha depressão não tinha sido em vão. Ela fazia parte do bem que Deus tinha decidido fazer-me. No final, eu podia começar a dizer o mesmo que Jó: "Meus ouvidos já tinham ouvido a teu respeito, mas agora os meus olhos te viram" (Jó 42:5).

Aquilo que escrevo a seguir são alguns dos lampejos que tive sobre Deus: que transbordaram para o diário que escrevi durante a minha Idade das Trevas, e das minhas memórias e reflexões subseqüentes.

Eu os compartilho com você esperando trazer um novo olhar para as palavras deste velho poema e para este Pastor de ovelhas—o único bom pastor que merece este nome.

UM SALMO DE DAVI

Assim como a maioria dos homens,
encontrei e ainda encontro em mim,
um instinto para um viver mais elevado,
conhecido como vida "espiritual",
e outro que vai em direção a uma vida primitiva,
grosseira e selvagem. Eu respeito ambas.
—HENRY DAVID THOREAU

A ESTÁTUA DE DAVID ESCULPIDA EM MÁRMORE POR MICHELANGELO está atualmente na Galleria dell'Accademia em Florença, Itália. Ela tem cinco metros e meio de altura.

Michelangelo estava correto ao esculpir Davi tão imenso: ele era um gigante entre os homens, combinando em si o gênio militar de Alexandre o Grande, a sagacidade política de Abraão Lincoln, o talento musical de Beethoven, a habilidade literária de Shakespeare e a coordenação motora de Pelé.

Mas a verdadeira medida da grandeza de Davi era sua obsessão com Deus. Ele escreveu: "Uma coisa pedi ao SENHOR; é o que procuro: que eu possa viver na casa do SENHOR todos os dias

da minha vida, para contemplar a bondade do SENHOR e buscar sua orientação no seu templo" (Salmo 27:4). Ele era um homem que se preocupava com o amor de Deus.

Contudo, havia também uma outra obsessão: Davi era freqüentemente consumido por orgulho, ambição e luxúria. Sendo capaz de cometer qualquer pecado e culpado de muitos deles, com freqüência cedia repentina e descuidadamente às paixões, e também cedia àquele dispositivo mais mortal: o mal feito de forma deliberada e resoluta.

Assim era Davi: consumido pela luxúria e pelo amor a Deus. Suas duas obsessões fazem dele um velho conhecido meu. Ele é o meu tipo de homem! E o mais importante é que ele também era o tipo de homem que Deus gosta: "o SENHOR procurou um homem segundo o seu coração" (1 Samuel 13:14) foi como Deus o descreveu. Ah, esses tolos que Deus escolhe!

Michelangelo demorou quase quatro anos para terminar a estátua de Davi. A tarefa era difícil porque ele usou um pedaço de mármore defeituoso. O bloco de pedra havia sido danificado ao ser removido da pedreira.

O mesmo havia acontecido com Davi. Ele tinha falhas em sua formação, tinha sido ferido quando criança, fora deixado sozinho e quase destruído. O mundo nunca satisfez suas necessidades.

Mas Deus satisfez. Ele olhava aquele menino solitário, maltrapilho e faminto de amor de um jeito que ninguém via, e decidiu transformá-lo no homem que Ele previu que Davi seria. Era uma tarefa difícil, pois Davi fora muito machucado, mas Deus nunca desistiu até que a obra ficou pronta. Foi desse esforço de Deus que nasceu o Salmo 23 de Davi.

Alguns dizem que este salmo foi uma das primeiras tentativas de Davi, composto quando ele ainda era jovem. Mas eu discordo. Ainda que o poema destaque as memórias e metáforas da juventude de Davi, os pensamentos são de alguém que se encontra mais perto do fim do que início de sua vida. Apenas uma mente madura consegue discernir as complexidades da vida e fixar-se nas coisas que importam. Apenas os mais velhos sabem que poucas coisas são necessárias—apenas uma, na realidade.

"CARÊNCIA"

Na maior parte do tempo
eu ando meio satisfeito.
—BOB DYLAN

No filme *Amigos, Sempre Amigos*, três nova-iorquinos vão ao Velho Oeste na esperança de encontrar algo que os satisfaça.

O personagem principal é Mitch Robbins, um publicitário de trinta e nove anos que havia "perdido sua graça". Mitch tinha conseguido muitas coisas: uma esposa charmosa, dois filhos lindos, um apartamento espaçoso na Ilha Roosevelt, dois bons amigos e um senso de humor peculiar. Mas a alegria havia desaparecido da sua vida. Seus aniversários, que costumavam lhe trazer muita alegria, agora o enchiam de tristeza—cada um deles recordando-lhe que ainda não havia descoberto a razão para viver.

Os dois amigos de Mitch, Ed e Phil, padeciam do mesmo mal e tiveram a idéia de conduzir uma manada de gado do Novo México ao Colorado. (No ano anterior haviam corrido na

frente dos touros em Pamplona, na Espanha). O Velho Oeste lhes parecia o lugar certo para se livrarem da sua infelicidade.

Quando os três chegaram à fazenda, foram recebidos pelo último dos homens de Marlboro, um caubói velho e durão chamado Curly, a quem Robbins apelidou de "alforje com olhos". Sob a tutela inflexível de Curly, Robbins e seus amigos aprenderam a cavalgar e laçar, antes de entrarem para a irmandade suarenta dos tropeiros.

Aos olhos de Robbins, Curly era uma espécie de macho básico: um homem rude e prático que raramente falava, usava um sorriso perpétuo e era destemido, invulnerável e sábio. Enquanto tocavam o gado, Robbins perguntou a Curly qual era o segredo da sua autoconfiança.

Curly respondeu: "Você precisa encontrar aquela coisa".

Acontece que Mitch não tinha idéia do que era "aquela coisa" e Curly não lhe contava. E antes que alguém descobrisse o segredo da sua segurança, o velho vaqueiro morreu,

A moral do filme —se é que havia moral— é que cada um de nós precisa encontrar "aquela coisa" que nos transformará numa versão satisfeita e autoconfiante de nós mesmos. O único problema é que, quando as luzes do cinema se acendem, continuamos no escuro, sem idéia alguma do que seria "aquela coisa".

"Aquela coisa" indefinível

Há algo que está constantemente nos atraindo: algo familiar e, no entanto, distante, algo que não conseguimos definir. Este algo nos enche com uma vaga sensação de descontentamento, uma "carência" por algo que não conseguimos identificar. "Você não sabe o que quer," filosofava Mark Twain, "mas o seu coração dói do mesmo jeito, de tanto que você o deseja".

Essa carência faz com que sigamos em frente, prometendo que a satisfação e a felicidade estão logo adiante, enchendo-nos de inquietação e fazendo com que continuemos buscando. Mas quando chegamos, não conseguimos descansar. É por isso que gostamos da busca, mas não da conquista; da caçada, mas não da matança; e chegar ao fim pode ser quase insuportável.

Blaise Pascal, um filósofo do século 17, dizia o seguinte:

> Em certas ocasiões, quando me dediquei a considerar as muitas distrações dos homens, as fadigas e os perigos aos quais eles se expõem na cidade e no campo, em analisar de onde surgem tantas disputas e paixões, tanta audácia e freqüentemente tantas proezas mal-intencionadas etc., descobri que todos estes infortúnios dos homens provêm de apenas uma coisa: eles não conseguem ficar tranqüilos em seu

próprio quarto [...] Por este motivo procuram a diversão, a associação com mulheres, a guerra e os estabelecimentos públicos [...] Por esta razão amam tanto o barulho e o movimento.

> *Tenho pressa de que tudo se faça;*
> *Corro e corro até que a vida não tenha graça.*
> *Na realidade só preciso viver e morrer,*
> *Mas estou com pressa e não sei por quê.*
> —ALABAMA

O mundo intensifica a nossa inquietude. Os anúncios nos incitam a comprar isso, gastar naquilo e tomar empréstimos pagáveis no futuro para ter hoje aquilo que queremos. Incentivos generosos, descontos, liquidações, pacotes de vendas e barganhas nos fazem continuar, criando desejos que jamais sabíamos ter.

Quanto mais temos, mais queremos. Igual à criança que já abriu doze presentes, nós pensamos mais naquilo que não temos do que naquilo que já recebemos.

Perguntamo-nos: "A vida é só isso?". "Não há nada mais além disso?". Não se trata de ganância; trata-se de algo que nos foi prometido e que ainda não recebemos.

O sexo não é a solução, não importa o quanto nos digam que é.

Talvez você se lembre do Mister Natural nos desenhos de Robert Crum, uma combinação de guru e velhinho safado cujos comentários sobre o comportamento em sociedade davam vida aos jornais universitários nos anos 60. Num deles, Mister Natural e seu pupilo observavam enquanto uma mulher de minissaia passava por eles. "Será que sexo é a resposta, Mister Natural?" pergunta o jovem. "Não, meu rapaz", responde Mister Natural, "Sexo é a pergunta".

E realmente é. Apesar da abundância de informações e toda a propaganda, o sexo continua sendo um grande mistério. Nossa inexorável busca pela felicidade através do "sexo bom" confirma a velha frase dos Rolling Stones: "Não consigo me satisfazer" ("I can't get no satisfaction", em inglês). Seja qual for o prazer sensual que resta, ele é pouco mais do que um refúgio momentâneo da infelicidade.

É irônico. O ato que deveria aliviar a solidão mais do que qualquer outra coisa, apenas a intensifica. Onde está aquele sexo incrível que é tão alardeado, mas que ninguém experimenta? Onde está o romance e a intimidade que tanto desejamos? Tina Turner alardeia seu credo picante: "O que o amor tem a ver com isso?" Com o passar do tempo nós também aprendemos a viver sem as complicações do amor.

As amizades não satisfazem. Ou, pelo menos, elas não tocam as profundezas da vida e do amor que tanto ansiamos. "Mesmo com as pessoas amadas me rodeando, o meu coração ainda diz que estou sozinho", lamenta um poeta desconhecido. Onde está a ternura que procuramos, a disponibilidade para amar e aceitar? Quando pedimos aos nossos amigos que afastem a nossa solidão, nós os forçamos a carregar um fardo demasiadamente pesado para qualquer um suportar. Eles acabam nos decepcionando ou nos deixando, e seguimos em busca de outra pessoa sobre a qual possamos colocar o peso das nossas exigências. Somos pessoas muito difíceis. Queremos um amor ilimitado.

Os pais nunca completam a tarefa—principalmente o pai. Para algumas pessoas, a palavra *pai* traz apenas lembranças ruins. Para elas, esta palavra significa tudo aquilo que desejavam na vida e não tiveram. Até mesmo aqueles de nós que tivemos bons pais sentem com freqüência que eles não foram aquilo que queríamos ou que necessitávamos. Crescemos tentando obter a aprovação deles, sem nunca recebermos a confirmação que buscávamos. Robert Bly lamenta o fato na frase "Pai nunca é suficiente".

Alguns anos atrás, quando eu estava parado ao lado do caixão do meu pai, minha esposa Carolyn me disse, com sua sabedoria tranqüila: "É tarde demais, não é?"

Exatamente. Era tarde demais para obter a aprovação dele. Veio-me à mente uma frase de um dos livros de Len Deighton: "Será que jamais nos livraremos da tirania do amor de nosso pai?".

A educação produz apenas resultados parciais. Passamos tempo em várias instituições educacionais, pesquisando aqui e ali, porém nunca chegamos ao fundo da questão. Aprender dá muito trabalho. Tanto esforço para aprender que não conseguimos saber tudo. "Senti o sabor da sabedoria", disse um filósofo, "mas ela estava muito distante de mim". Esta é a conclusão silenciosa de cada pessoa que se matricula nessas instituições. Talvez seja por isso que há tanta depressão nas universidades.

Quando pequeno, avidamente visitava
Doutores e santos, e grandes debates escutava
Sobre isso e outras coisas, mas cada vez mais
Saía pela mesma porta pela qual entrava.
—OMAR KHAYYAM

O sucesso nunca é permanente. A longa subida do sopé ao topo do sucesso é estimulante. Jogamos todos os jogos mesquinhos. Suportamos privações, concorrências, exigências, trabalhos enfadonhos, longos percursos para o trabalho. Sempre há

mais um negócio a fechar, mais uma venda a forçar, mais um degrau a subir, mais um empreendimento a completar antes que nos sintamos bem. Apostamos o nosso tempo, pagamos o preço e, se tivermos sorte, um negócio nos coloca no topo. E depois? O topo jamais é o ápice que pensávamos que seria.

O sucesso é mais doce para aqueles que nunca o atingiram.
—EMILY DICKINSON

Numa entrevista com Barbara Walters, Ted Turner confessou que "o sucesso é uma mala vazia". O dinheiro fala, mas acima de tudo mente. Ele nos engana fazendo crer que a boa fortuna nos trará satisfação e segurança. Mas ter o suficiente nunca é suficiente. Ter mais é o aguilhão que nos motiva. Temos pena do velho magnata, desiludido e solitário, com sua obsessão pelo dinheiro, mas não aprendemos a lição: "Quem ama o dinheiro jamais terá o suficiente; quem ama as riquezas jamais ficará satisfeito com os seus rendimentos" (Eclesiastes 5:10).

"A fama é passageira" pode estar entre as frases mais verdadeiras que já foram ditas. Podemos fazer ou dizer algo que faz as cabeças se virarem e as pessoas fixarem seu olhar em nós por alguns poucos dias, mas logo somos esquecidos. Ralph Waldo Emerson estava certo ao dizer: "Todo herói acaba se tornando enfadonho". (E não há nada mais desolador que as tentativas de retorno de alguém que já foi um sucesso).

O casamento não é tudo aquilo que dizem dele. Apesar das promessas dos contos de fada, não há uma relação direta entre casar e viver feliz para sempre. Os casais começam bem, mas fracassam porque o vazio e a dor da solidão são tão grandes que ninguém consegue modificá-los. E, para algumas almas desesperadas, existem os "casos" (só para usar uma palavra leve para tais experiências desastrosas), as finalizações rudes como o divórcio, as disputas pelos filhos, a demolição de famílias que um dia foram felizes, e a separação dos pequeninos que são deixados para trás.

As crianças são um encanto. Elas nos dão grandes alegrias, mas também nos custam esforços terríveis e, em algumas ocasiões, grande sofrimento.

E então saem de casa, como é certo fazer, e o ninho vazio se torna insuportável para alguns pais. Os filhos não são a obra final que buscamos.

Para muitos, a aposentadoria é o objetivo principal. Passam toda sua vida adulta tentando ganhar dinheiro suficiente para se aposentar. Depois de atingirem seu objetivo, descobrem o vazio. Thoreau chamou isso de "náusea do destino". Ei-los ali: cansados de jogar o mesmo jogo durante anos, bem conscientes de que o tempo está acabando. Todos aqueles anos gastos com preocupações, intrigas e manobras não têm mais sentido. Em todo lugar vemos aposentados com aquele olhar apagado em seus olhos. Depois de "chegarem lá", não têm mais nada pelo qual valha a pena viver.

Desde que me aposentei da competição da vida,
Cada dia é preenchido pela mesma lida.
Levanto-me cada manhã e limpo o pó do meu juízo,
Apanho o jornal e leio os óbitos.
Se meu nome não está lá, sei que não se apagou minha chama,
Tomo um bom café da manhã e volto para a minha cama.
—AUTOR DESCONHECIDO

Depois vem a terceira idade, com a quebra do orgulho e definhamento do poder—e os remorsos. Somos "enforcados pela nossa história", dizem alguns. Olhamos para trás e vemos o passado coberto com a destruição causada por nossos pecados. Contudo, não há nada que possamos fazer a respeito. Toda história, inclusive a nossa, não se repete.

Permitam-me revelar os presentes reservados para a velhice,
Para coroar os esforços de toda sua vida.

> *Primeiro, o atrito gelado do bom senso moribundo,*
> *Sem encantos, sem promessas,*
> *Mas insipidez amarga do fruto sombrio,*
> *À medida que o corpo e a alma começam a cair aos pedaços.*
> *Segundo, a consciência impotente da fúria*
> *Contra a insensatez humana, e o tormento*
> *De rir com as coisas que não mais divertem.*
> *E por último, a dor lacerante de representar novamente*
> *Tudo aquilo que você fez, e foi; a vergonha*
> *dos motivos tardiamente revelados, e a consciência*
> *Das coisas feitas com dolo, para causar danos a outros,*
> *As quais você pensava serem virtudes.*
> *A aprovação dos tolos é um aguilhão, e a honra mancha.*
> —T. S. ELIOT

E finalmente, vem o Grande Inverno. "O tempo não cura nada", dizem alguns. "O paciente morre". A morte nos caça sem piedade. Não há escapatória. "As estatísticas são impressionantes", reclamava George Bernard Shaw, "uma, em cada uma pessoa, morre".

A mente fica perplexa ao pensar em todo o dinheiro, tempo e energia que gastamos tentando protelar a morte: os médicos, o orçamento de defesa, a indústria de cosméticos [...] Mas

apesar de todos os métodos que inventamos para ficarmos vivos, ou pelo menos parecermos vivos, tanto quanto possível, apenas adiamos o inevitável. Cinza às cinzas, pó ao pó. Todos, por mais resistentes que sejam, começam a deteriorar-se e não há nada que se possa fazer a respeito.

Igual a uma galinha quando enfrenta a cascavel,
descobrimos que somos incapazes de fazer algo justamente na presença
daquela coisa que parece exigir as ações mais drásticas e decisivas.
O pensamento inquietante, que nos encara com o sorriso gelado de um
fato, é que na realidade não há nada que possamos fazer.
Não importa o que digamos ou o quanto dancemos,
logo seremos um monte de ossos e penas arruinados,
indistinguíveis dos demais destroços que jazem ao redor.
Aparentemente não tem a mínima importância
se enfrentamos o inimigo com equanimidade,
com gritos ou tocando trombetas: a nossa hora chegou.

—TOM HOWARD

Por termos medo da morte, tentamos trivializá-la, diminuí-la, cortá-la em pedaços menores; mas não nos enganemos: morrer é importante. As emoções humanas são governadas por reações comuns, e a reação comum à morte é amarga: por que temos que deixar para trás tudo pelo qual nos esforçamos, fizemos e amamos? É aterrador pensar que o mundo continuará funcionando sem nós, como se nunca tivéssemos nascido.

É por esse motivo que a vida é um longo esforço para não pensar na morte. Mas não adianta nada. Exatamente na época em que a esquecemos, algum amigo ou conhecido se vai e temos que ir ao enterro. O pensamento da nossa própria morte nos confronta novamente e sabemos que nós também acabaremos debaixo da terra. Repentinamente, a vida parece não ter sentido algum. Perguntamos, "Por que seguir em frente, se cada batida do coração, como um tambor abafado, nos faz marchar para mais perto da cova?"

"Imagine", escreveu Blaise Pascal, "certa quantidade de prisioneiros sentenciados à morte; se alguns deles fossem executados todos os dias na frente dos demais, o restante estaria contemplando o seu destino naqueles que eram executados, e olhariam uns para os outros com angústia e desespero, esperando chegar a sua vez". Isto, conclui ele, "representa a condição humana". Assim como os monges que contemplavam os crânios em seus cubículos, nós contemplamos nosso próprio destino: *Summus Moribundus* (Destinados a morrer).

Essa é a nossa condição e também nossa frustração—a frustração de nosso maior "desejo"—viver para sempre. Queremos atingir a imortalidade, porém morremos. "Onde acabará tudo isto, Mister Natural?" "No túmulo, meu rapaz", respondia o velho sábio. "No túmulo".

É claro que existem aqueles que imaginam ser felizes por não pensarem sobre a futilidade da vida nem sobre a certeza da morte, e que tentam suprimir sua inquietação buscando tudo que lhes dê prazer. Porém, o prazer apenas abafa a nossa insatisfação —não acaba com ela. Quando a diversão acaba, acabou-se a brincadeira e as velhas perguntas retornam: afinal, para quê tudo isso? Por que comer, beber, trabalhar, brincar, juntar dinheiro, educar os filhos e lutar contra uma seqüência interminável de frustrações? Que felicidade pode existir neste mundo onde nascemos para morrer? Aonde todo este atropelo, esforço, cobiça e gastança nos trouxe? Por que nos sentimos tão vazios, culpados e tristes?

Rostos enfileirados no bar
Agarram-se ao seu dia medíocre.
As luzes não podem jamais se apagar,
A música precisa continuar a tocar,
Para que não saibamos onde estamos,

> *Perdidos numa floresta assombrada,*
> *Filhos com medo do escuro,*
> *Que nunca foram felizes ou bons.*
> —W. H. AUDEN

E tudo se resume nisto: não há satisfação na terra. O casamento, a família, as realizações, o dinheiro, a celebridade, o conhecimento, as viagens, as coleções, a criação artística, o brilho, o exagero—nada nos deixa completamente felizes. Sempre há aquele algo mais que nos escapa. Nenhuma outra lição é ensinada de modo tão abrangente neste mundo.

Oh, sim, há ocasiões que nos surpreendem ao longo do caminho: momentos caprichosos em que experimentamos o puro prazer. Mas estes momentos são fugazes e não conseguimos capturar a sensação nem repeti-la. O sentimento vai embora e não conseguimos trazê-lo de volta.

> *Depressa gozada, mas logo desprezada,*
> *Caçada desesperadamente, e tão logo possuída,*
> *Odiada loucamente, como uma isca engolida*
> *Lá colocada para enlouquecer quem a abocanha;*
> *Louca na busca e louca ao possuir,*
> *Extremada quando teve, quando tem e na busca para ter;*

Salmo 23

> *Um prazer ao ser provada e, já provada, uma tragédia*
> *Prazer à prova e a dor, provado, a vir,*
> *Antes é uma alegria proposta, depois, um sonho.*
>
> *O mundo sabe tudo isso; contudo, ninguém sabe bem*
> *Evitar o céu que leva os homens a este inferno".*
> —WILLIAM SHAKESPEARE

É realmente estranho que continuemos nessa busca desvairada, cometendo o mesmo erro todos os dias, confiando que a vida revele, de alguma maneira, seu plano estranho e oculto por tanto tempo, mesmo que a experiência já nos tenha ensinado que por mais que façamos ou obtenhamos coisas, elas não nos dão a satisfação que buscamos.

Por que, então, continuamos a procurar?

Respondendo de maneira simples: porque *temos* que procurar. Nossa busca é uma inquietação de absoluta necessidade, a qual precisa ser atendida: a nossa necessidade eterna por Deus. Cada desejo, cada aspiração, cada ansiedade, cada nostalgia da nossa natureza é nada menos que o desejo por Deus. G.K.Chesterton dizia que os homens estão buscando Deus mesmo quando batem à porta da casa de prostitutas. Fomos feitos para o Seu amor e sem Ele não vivemos. Deus é a "pessoa" que procuramos durante toda nossa vida. Tudo que desejamos Nele encontramos e infinitamente mais.

> *És o mais amado, o mais cego, o mais fraco;*
> *Eu sou Aquele a quem procuras.*
> —FRANCIS THOMPSON

Talvez você fique surpreso em saber que o seu desejo não é nada mais que o desejo por Deus, especialmente para aqueles que não costumam freqüentar igrejas. Mas há momentos em que você sabe que o sentimento é verdadeiro: quando algo desperta em você, "um desejo no sábado por algo que teria me contrariado no domingo" como dizia um amigo meu. Uma vez desperto, esse desejo não mais se aquieta.

Deveríamos ouvir nossos anseios. Eles foram colocados em nós para nos atrair ao lugar onde nada nos faltará. Que simplicidade estupenda: "O Senhor é o meu pastor; de nada terei falta".

> *Quando Deus fez o homem*
> *Com uma taça de bênçãos à espera,*
> *"Derramemos" (disse ele) "sobre ele, tudo que pudermos;*

Salmo 23

Que as riquezas do mundo, que jazem dispersas,
se juntem num só lugar".

E assim a força abriu um caminho;
E então a beleza fluiu, a sabedoria, a honra, o prazer.
Quando quase tudo já havia fluído, Deus fez uma pausa,
Percebendo que, separado de todo o seu tesouro,
Jazia no fundo o descanso.

"Pois se eu concedesse" (disse ele)
"Também esta jóia a quem criei
Ele adoraria meus presentes e não a mim,
E descansaria na Natureza, e não no Deus da Natureza;
Então ambos perdedores seriam".

"Contudo, deixem-no guardar o restante,
Mas mantenha-os com magoado descontentamento,
Deixe-o ser rico e inquieto, para que ao menos,
Se a bondade não levá-lo a mim, que o cansaço
O jogue em meus braços".

—GEORGE HERBERT

O Senhor é o meu pastor; de nada terei falta.

*Venham! Adoremos prostrados
e ajoelhemos diante do Senhor,
o nosso Criador;
pois ele é o nosso Deus,
e nós somos o povo do seu pastoreio,
o rebanho que ele conduz.*

—SALMO 95:6-7

O problema com a maioria de nós é que não enxergamos claramente o Deus que desejamos adorar. Em nossas mentes a imagem dele fica obscurecida pelas lembranças das frias catedrais e religiões cruéis, por pastores e padres que em nós colocaram o medo a Deus, ou por tudo aquilo que sofremos quando crianças com pais ausentes; emocionalmente desinteressados, violentos ou fracos. Todos nós temos conceitos que não são verdadeiros sobre Deus.

Portanto, a questão é o próprio Deus. Quem é Deus? Esta é a pergunta para a qual todas as outras se dirigem: a pergunta que

o próprio Deus colocou em nossos corações (e se Ele a colocou em nossos corações, deve existir uma resposta no coração dele, esperando ser revelada).

Davi nos dá uma resposta confortadora e instigante: "O SENHOR é o meu *pastor*".

Na realidade a palavra que Davi escreveu foi "*Yahveh* é o meu pastor", usando o nome que Deus a si mesmo se deu. Uma geração mais antiga de estudiosos chamava este nome de O Inexprimível Tetragrama—a impronunciável palavra de quatro letras. O nome de Deus (que é escrito sem vogais: YHWH) era raramente pronunciado pelos judeus, pois receavam provocar a ira de Deus. Usavam palavras menores como *Adonai* (meu Senhor) ou *Elohim* (um nome genérico para Deus).

O termo *Yahweh*, que às vezes era abreviado para *Yah* no Velho Testamento, vem de uma forma do verbo ser hebraico e sugere um Deus auto-suficiente. Mas esta explicação é pouco satisfatória para mim. Prefiro a descrição de Davi: "Yahweh é meu *pastor*".

Pastor é uma metáfora modesta, mas carregada de significado. Uma parte da comparação retrata um pastor e suas ovelhas; a outra contém as experiências de Davi e as nossas. Davi pinta um quadro e nos coloca dentro dele. Esta é a genialidade do salmo: ele nos pertence; podemos usar as palavras de Davi como se fossem nossas.

A frase de abertura que Davi usa, "O Senhor é o meu pastor", apresenta a imagem principal, que aparece em todo o poema. Cada linha acrescenta algo ao símbolo, preenchendo o quadro, mostrando-nos como o Pastor-Deus nos dirige àquele lugar em que nada nos faltará.

O significado da metáfora

O próprio Davi era um pastor. Ele passou boa parte da sua juventude cuidando de suas "poucas ovelhas no deserto" (1 Samuel 17:28). O deserto é um dos melhores lugares do mundo para se aprender. Há poucas distrações e poucas coisas para serem usadas. Em tal local, ficamos mais propensos a pensar sobre o sentido das coisas ao invés de pensar sobre o que estas coisas podem nos dar.

Certo dia, quando Davi vigiava suas ovelhas, veio-lhe a idéia de que Deus era como um pastor. Pensou sobre o cuidado incessante que as ovelhas necessitavam—suas fragilidades e vulnerabilidades. Lembrou-se que elas se perdiam por caminhos inseguros, que necessitavam constantemente de um guia. Pensou sobre o tempo e a paciência necessária para que elas confiassem nele, antes de segui-lo. Lembrou-se das vezes em que as guiava através de lugares perigosos e como elas ficavam juntas aos seus pés naquelas ocasiões. Meditou sobre o fato de que era sua responsabilidade até pensar por suas ovelhas, lutar por elas, protegê-las, encontrar novas pastagens e águas tranqüilas. Lembrouse das feridas e cortes que precisava tratar, e maravilhou-se com a lembrança de quantas vezes teve de resgatá-las do perigo. No entanto, nenhuma de suas ovelhas tinha consciência de quão bem eram tratadas. Sim, ele pensou, Deus é muito parecido com um bom pastor.

Os pastores de antigamente conheciam suas ovelhas pelo nome. Eles estavam acostumados com o jeito delas: suas peculiaridades, suas marcas características, suas tendências e suas idiossincrasias.

Naquela época, os pastores não transportavam suas ovelhas, eles as lideravam. Quando o pastor as chamava pela manhã, usando um som gutural inconfundível, cada rebanho se levantava e seguia seu mestre para a área de pastagem. Mesmo que dois pastores chamassem seus rebanhos ao mesmo tempo e as ovelhas estivessem misturadas, elas jamais seguiam o pastor errado. As ovelhas seguiam seu próprio pastor pelo deserto durante todo o dia, enquanto ele procurava lugares com capim, arbustos e água onde seu rebanho pudesse se alimentar e beber em paz.

Em certas épocas do ano era necessário mover os rebanhos mais para o interior do deserto, uma terra desolada onde espreitavam os predadores. Mas as ovelhas eram sempre bem guardadas. Os pastores portavam uma clava (uma vara pesada) nos seus cintos e um cajado em suas mãos. O cajado tinha um gancho na ponta que servia para tirar as ovelhas de lugares perigosos e para impedir que elas errassem o caminho; a clava era uma arma para manter afastadas as feras. Davi disse: "Quando aparece um leão ou um urso e leva uma ovelha do rebanho, eu vou atrás dele, dou-lhe golpes e livro a ovelha de sua boca" (1 Samuel 17:34-35).

Durante o dia, cada pastor ficava perto das suas ovelhas, vigiando-as cuidadosamente e protegendo-as dos menores riscos. Quando uma ovelha se perdia, o pastor a procurava até que achasse. Então colocava-a sobre os seus ombros trazendo-a de volta para casa. No final do dia, cada pastor levava seu rebanho para a segurança do aprisco e dormia estendido na porteira para protegê-las.

Um bom pastor *nunca* deixava suas ovelhas sozinhas. Elas estariam perdidas sem ele. Sua presença era a segurança delas.

Foi este bom pastor que Davi visualizou quando compôs cada verso da sua canção.

Salmo 23

Jacó...

Jacó, o patriarca, era um pastor e foi a primeira pessoa na Bíblia a usar a metáfora do pastor para referir-se a Deus. No seu leito de morte, olhou para sua vida e a resumiu com as seguintes palavras: "o Deus que tem sido o meu pastor em toda a minha vida até o dia de hoje" (Gênesis 48:15).

Jacó nasceu com um temperamento difícil. Nasceu agarrado ao tornozelo do seu irmão, e durante toda a vida continuou tentando fazê-lo tropeçar e passá-lo para trás. Na realidade, toda a vida de Jacó se caracterizou pelas reviravoltas, pelas fraudes, pela avidez, pelo tomar à força e pelo 'empurrar' os outros para ganhar vantagem. Entretanto, Deus não se envergonhou de ser chamado "o Deus de Jacó" e de ser o seu pastor durante cada dia de sua vida.

Jacó relembra as pessoas que entram na vida com a sutil percepção de que nada vai dar certo: que habitam infernos herdados, sobrecarregados desde o nascimento por inseguranças, insanidades e predições pecaminosas; que são viciados em comida, sexo, álcool, drogas, gastanças, jogatinas ou trabalho; que têm personalidades perturbadas e difíceis; que têm, como dizia C. S. Lewis, "uma máquina difícil de dirigir".

Deus conhece nossas histórias cansativas. Ele entende as forças latentes e todas as fontes e possibilidades do mal em nossa natureza. Ele vê o ferimento e o coração despedaçado que os outros não conseguem ver e que não pode ser explicado, até mesmo para nossos amigos mais íntimos. Ele está ciente das razões das nossas mudanças de humor, das nossas explosões de raiva e de nossos prazeres egoístas. Nossas atitudes podem afastar as outras pessoas, mas Deus nunca se afasta. Ele vê o coração ferido em vez dos espinhos. Sua compreensão é infinita.

A gravidade dos danos em nós, ou a profundidade dos nossos erros são para Deus assuntos indiferentes. A nossa maldade não altera o caráter dele. Ele é amor eterno: é o mesmo ontem, hoje e sempre. Não somos o que Ele quer que sejamos, porém não somos indesejados. Se nós o quisermos, Deus será nosso pastor.

Frederick Buechner fica maravilhado com a loucura de Deus em dar boas-vindas aos "idiotas e desajustados, críticos e falsos beatos, aos cheios de si e arruinados, aosególatras e tímidos, e aos partidários do sensualismo escondidos em armários", mas é assim que Deus é. Não importa o que sejamos e onde estejamos, o Seu coração está aberto para nós. O escritor George MacDonald o descreve assim: "O amor nos cerca, procurando uma frestinha pela qual possa rapidamente entrar".

Salmo 23

> *Não é estranho*
> *Que um ser como Deus*
> *Que enxerga o semblante*
> *Ainda ame esse torrão*
> *Que criou do pó?*
> *Diga-me, isso não é estranho?*
> —AUTOR DESCONHECIDO

Isaías . . .

Isaías enxerga um Pastor estelar, que todas as noites chama Seu rebanho de estrelas pelo nome:

> *Ergam os olhos e olhem para as alturas.*
> *Quem criou tudo isso?*
> *Aquele que põe em marcha*
> *cada estrela do seu exército celestial,*
> *e a todas chama pelo nome.*
> *Tão grande é o seu poder*
> *e tão imensa a sua força,*
> *que nenhuma delas deixa de comparecer!*
> —ISAÍAS 40:26

Não é por acaso que as estrelas têm órbitas e lugares designados no universo. Elas não surgem ao acaso, nem passeiam casualmente pelo espaço. Elas surgem conforme as ordens de Deus: Ele traz a milícia estrelar uma por uma e as chama pelo nome. Nenhuma delas é esquecida; nenhuma é negligenciada; nenhuma é deixada para trás.

É terrível ser desconhecido. Temos medo de nunca sermos suficientemente reconhecidos: que os outros nunca saberão quem realmente somos, quais são nossos sonhos e para onde nossos pensamentos nos levam. Contudo nada temos a temer. Deus conhece cada uma das Suas ovelhas pelo nome.

Ele percebe cada personalidade e peculiaridade. Existem as pequeninas que precisam ser carregadas, as aleijadas que não conseguem acompanhar, as ovelhas-mães que não podem ser apressadas por causa dos filhotes e a ovelha idosa que mal consegue acompanhar o rebanho. Há os carneiros-guia que sempre querem andar na frente dos outros; os brigões que dão cabeçadas e empurrões para conseguir que sua vontade seja feita; as tímidas (as medrosas) que têm medo de seguir; as ovelhas negras que são sempre a exceção. Há aquelas que vão pastando até ficarem perdidas e há outras que gostam de andar livres por aí. O Bom Pastor nos conhece.

Salmo 23

> *O Soberano* Senhor, *vem com poder,*
> *Seu braço forte governa {...}*
> *Como pastor ele cuida de seu rebanho,*
> *Acolhe seus cordeiros em seus braços*
> *e os traz perto do seu coração;*
> *conduz gentilmente as ovelhas que amamentam suas crias.*
> —ISAÍAS 40:10-11

Deus conhece o nosso ritmo. Sabe quando somos tomados pela aflição, dor e solidão, quando atingimos nossos limites; quando estamos envergonhados e quebrados, incapazes de seguir em frente. Deus não carrega Suas ovelhas, Ele gentilmente, as orienta, permite hesitações e medos, dá crédito às decisões e resoluções que são incansavelmente testadas; entende a coragem que fraqueja ante terríveis probabilidades; consegue aceitar a fé que se apaga sob o estresse, leva em consideração os motivos ocultos da derrota; sente todo o peso dos nossos fracassos, conhece nossa dor como ninguém mais conhece. Nossos balidos chegam a Seus ouvidos, e Ele ouve até mesmo os gritos que não articulamos.

Quando ficamos para trás, Ele não nos maltrata. Ao contrário, Ele nos acolhe, nos envolve em Seu braço forte e nos coloca junto ao Seu coração. A essência, o cerne do caráter de Deus está no Seu coração de pastor carinhoso. "Grande é a suavidade do Senhor!", diz o intelectual alemão Johann Bengel.

Jeremias...

O profeta Jeremias viu um rebanho de ovelhas perdidas.

> *Meu povo tem sido ovelhas perdidas;*
> *seus pastores as desencaminharam*
> *e as fizeram perambular pelos montes.*
> *Elas vaguearam por montanhas e colinas*
> *e se esqueceram de seu próprio curral {...}*
> *Mas trarei Israel de volta*
> *à sua própria pastagem.*
> —JEREMIAS 50:6, 19

Rapidamente esquecemos Deus, nosso "aprisco" e nos afastamos. No entanto, Ele nos busca onde quer que vamos, sem se queixar da escuridão, do vento gelado, da carga pesada, da subida íngreme ou do espinhoso caminho pelo qual necessita passar para resgatar uma ovelha perdida. Seu amor não leva em conta o tempo, a energia, o sofrimento ou até mesmo a própria vida.

Salmo 23

> *"Por toda a estrada donde vens,*
> *que sangue enxergo ali?"*
> *"Busquei a ovelha com dolor,*
> *o sangue Meu verti."*
> *"Ferida vejo a tua mão".*
> *"A angústia encheu-Me o coração,*
> *A angústia encheu-Me o coração".*
> *Vêm de montanha aclamações!*
> *É a voz do bom Pastor!*
> *Ressoa em notas triunfais*
> *o salmo vencedor!*
> *E os anjos cantam lá nos Céus:*
> *"A errante já voltou a Deus".*
> —ELIZABETH CLEPHANE
> (HINO: *NOVENTA E NOVE OVELHAS*)

Sua busca por nós não é uma recompensa pela nossa bondade, mas o resultado da Sua decisão de amar. Ele é motivado pelo amor, não pela nossa beleza. Ele se move em nossa direção mesmo se não fizermos nada certo e se fizermos tudo errado (principalmente quando fizermos tudo errado).

"Que vos parece?" disse Jesus "O que acham vocês? Se alguém possui cem ovelhas, e uma delas se perde, não deixará as noventa e nove nos montes, indo procurar a que se perdeu? E se conseguir encontrá-la, garanto-lhes que ele ficará mais contente com aquela ovelha do que com as noventa e nove que não se perderam. Da mesma forma, o Pai de vocês, que está nos céus, não quer que nenhum destes pequeninos se perca" (Mateus 18:12-14).

As ovelhas perdidas não estão condenadas; elas são as ovelhas que Ele veio procurar. "Os ambiciosos, os vaidosos, os os altamente lascivos", disse C. H. Sisson, são a Sua "presa natural".

Ezequiel . . .

Ezequiel anunciou o nascimento do Bom Pastor muito antes que Ele nascesse. Falou que, quando Ele viesse, cuidaria do rebanho de Deus com ternura e carinho.

> *As minhas ovelhas vaguearam por todos os montes*
> *e por todas as altas colinas. Foram dispersas por toda a terra,*
> *e ninguém se preocupou com elas nem as procurou {...}*
> *Porque assim diz o Soberano, o SENHOR: Eu mesmo buscarei as*
> *minhas ovelhas e delas cuidarei. Assim como o pastor busca as ovelhas*
> *dispersas quando está cuidando do rebanho, também tomarei conta de*
> *minhas ovelhas. Eu as resgatarei de todos os lugares*

Salmo 23

> *para onde foram dispersas num dia de nuvens e de trevas {...}*
> *Tomarei conta delas numa boa pastagem,*
> *e os altos dos montes de Israel serão a terra onde pastarão;*
> *ali se alimentarão, num rico pasto {...}*
> *Eu mesmo tomarei conta das minhas ovelhas*
> *e as farei deitar-se e repousar. Palavra do Soberano, o* Senhor.
> *Procurarei as perdidas e trarei de volta as desviadas.*
> *Enfaixarei a que estiver ferida e fortalecerei a fraca.*
> —EZEQUIEL 34:6, 11-12, 14-16

A tarefa de Ezequiel era cuidar dos exilados e dispersos, longe do seu país. Ele os descrevia como ovelhas espalhadas "porque não havia pastor [...] e ninguém as buscava ou procurava por elas".

O povo de Israel estava disperso por sua própria culpa, como resultado de anos de indiferença e resistência a Deus. Eles haviam buscado seus ídolos, derramado sangue, violado as mulheres dos seus vizinhos e feito outras coisas abomináveis (Ezequiel 33:26). Era por isso que haviam sido espalhados. Contudo, Deus diz: "Eu mesmo procurarei as perdidas e trarei de volta as extraviadas". Os bons pastores não desprezam as ovelhas perdidas, eles as procuram.

As ovelhas não precisam procurar pelo seu pastor. Ao contrário, é Ele que sai em busca delas. Mesmo que as ovelhas não estejam pensando em seu pastor, Ele vai atrás delas até os confins da terra:

> *Ele as segue por sua jornada longa e escura;*
> *lá, onde pensavam que iriam escapar dele,*
> *Correm em direção aos seus braços.*
> —SIMON TUGWELL

Na realidade, não há maneira de escapar dele, *exceto* correndo para os Seus braços. Ainda que sejamos teimosos e inflexíveis, Ele é igualmente obstinado e inflexível: jamais desistirá da Sua busca. Não consegue nos tirar dos Seus pensamentos.

Além disso, diz Ezequiel, o Bom Pastor cuida das Suas ovelhas depois de encontrá-las: "Assim como o pastor busca as ovelhas dispersas quando está cuidando do rebanho, também tomarei conta das minhas ovelhas".

"Cuidar" sugere um exame cuidadoso de cada animal. Deus nosso Pastor é um bom pastor; Ele conhece bem as condições do Seu rebanho, vê as marcas do sofrimento em cada face. Conhece cada corte e machucadura, cada dor e mágoa. Reconhece os sinais das mordidas dos cachorros, das crueldades, dos abusos: as feridas que os outros nos causaram e os resíduos de nossa própria resistência.

Ele promete fazer aquilo que outros pastores não conseguem ou não fazem: "Colocarei ataduras nos feridos e fortalecerei os fracos". Ele tem compaixão pelos aflitos e necessitados, e por aqueles feridos por seus próprios pecados. Ele entende a tristeza, os infortúnios, os lares desfeitos, as ambições destruídas. Ele cura os que têm o coração partido e põe ataduras em suas feridas (Salmo 147:3). Ele aplica o bálsamo que restaura o ferido. Este é o conforto de Deus aos nossos corações partidos.

Mas há mais. Um outro Bom Pastor estava a caminho, aquele que seria um com o Pai na sua compaixão pastoral:

Porei sobre elas um pastor, o meu servo Davi,
e ele cuidará delas; cuidará delas e será o seu pastor.
*Eu, o S*ENHOR*, serei o seu Deus, e o meu servo Davi*
*será o líder no meio delas. Eu, o S*ENHOR*, falei.*
—EZEQUIEL 34:23-24

Outro Bom Pastor: o tão esperado filho de Davi, nosso Senhor Jesus, este Grande Pastor que dá a Sua vida pelas ovelhas (João 10:11).

O grande Pastor de ovelhas

Séculos depois, Jesus estava de pé, perto do lugar em que Davi compôs sua canção do Pastor e disse com tranqüila confiança:

Eu sou o bom pastor. O bom pastor dá a sua vida pelas ovelhas.
O assalariado não é o pastor a quem as ovelhas pertencem.
Assim, quando vê que o lobo vem, abandona as ovelhas e foge.
Então o lobo ataca o rebanho e o dispersa.
Ele foge porque é assalariado e não se importa com as ovelhas".
Eu sou o bom pastor; conheço as minhas ovelhas,
e elas me conhecem, assim como o Pai me conhece e eu conheço o Pai;
e dou a minha vida pelas ovelhas.

—JOÃO 10:11-15

Este é nosso Senhor Jesus, "o grande Pastor das ovelhas" (Hebreus 13:20).

Ele era Um com o Pai. Ele também nos viu como "ovelhas sem pastor". Ele "veio para buscar e salvar o que estava perdido" (Lucas 19:10). É aquele que deixou as "noventa e nove nas montanhas" e foi "procurar aquela ovelha que estava desgarrada", estabelecendo para sempre o valor de uma pessoa e o desejo do Pai de que nenhuma delas deveria se perder (Mateus 18:12-14).

> *Ele tem um coração de pastor, o qual bate com um amor*
> *puro e generoso que não considerou o Seu próprio sangue,*
> *precioso demais para pagar pelo nosso resgate.*
> *Ele tem o olho de pastor, que enxerga todo o rebanho*
> *e não deixa escapar sequer a pobre ovelha*
> *desgarrando-se na fria montanha. Ele tem a fidelidade de um pastor,*
> *o qual nunca falhará ou nos abandonará, nem nos deixará sem*
> *conforto, nem fugirá quando enxergar o lobo chegando.*
> *Ele tem a força de um pastor, capaz de nos libertar*
> *das mandíbulas do leão ou das garras do urso.*
> *Ele tem a ternura de um pastor: nenhuma ovelha é pequena demais*
> *para os seus braços; nenhum santo tão fraco que não o oriente*
> *gentilmente; nenhuma alma tão débil que não lhe dê descanso {...}*
> *Sua bondade o faz grandioso.*
> —F. B. MEYER

Mas há mais: o Bom Pastor entregou Sua própria vida pelas ovelhas. O Pai emitiu o decreto: "Levante-se, ó espada, contra o meu pastor, contra o meu companheiro!", declara o SENHOR dos Exércitos. Fira o pastor" (Zacarias 13:7). E o Pastor foi morto.

Desde o início dos tempos, as religiões decretaram que um cordeiro deveria entregar sua vida pelo pastor. O pastor traria seu cordeiro ao santuário, apoiar-se-ia com todo o peso sobre a cabeça do cordeiro, e confessaria seu pecado. O cordeiro seria sacrificado e seu sangue se esvairia—uma vida por outra vida.

Que ironia: agora o Pastor dá sua vida pelo seu cordeiro. "Mas ele foi transpassado por causa das *nossas* transgressões, foi esmagado por causa de *nossas* iniqüidades; o castigo que nos trouxe paz estava sobre ele, e pelas suas feridas fomos curados. Todos nós, tal qual ovelhas, nos desviamos, cada um de nós se voltou para o seu próprio caminho; e o Senhor fez cair sobre ele a iniqüidade de todos nós" (Isaías 53:5-6).

Quem neste mundo sondara
a dor que padeceu?
Mas creer podemos:
Foi por nós que ali na cruz sofreu.
—CECIL F. ALEXANDER

A história trata da morte de Deus. "Ele mesmo levou em seu corpo os nossos pecados sobre o madeiro, a fim de que morrêssemos para os pecados e vivêssemos para a justiça; por suas feridas vocês foram curados" (1 Pedro 2:24). Ele morreu por *todos* os pecados: tanto pelos pecados óbvios de assassinato, adultério e roubo, quanto pelos pecados secretos de egoísmo e orgulho. *Ele mesmo* carregou nossos pecados em Seu corpo, na cruz. Esta foi a cura definitiva do pecado.

A maneira normal de ver a cruz é dizer que o homem era muito ruim e Deus estava tão irado que alguém tinha que pagar. Mas não foi a ira que levou Cristo a ser crucificado: foi amor. A crucificação é o ponto central da história: Deus nos ama tanto que *Ele próprio* assumiu nossa culpa. Ele internalizou *todo* nosso pecado e o curou. Quando terminou, Ele disse: "Está consumado!" Não resta mais nada para nós fazermos a não ser aceitar o perdão. E para aqueles de nós que aceitamos o perdão, é hora de nos aprofundarmos.

O Pastor chama por nós e fica atento para o menor sinal de vida. Ele ouve o grito mais fraco. Se não escutar nada, não desistirá ou irá embora. Ele deixa que nos desviemos, esperando que o cansaço e o desespero nos façam retornar.

Pois todos
que conheceram o abrigo do Aprisco
seu calor e segurança
e o cuidado do Pastor

e escapuliram;
escolhendo em vez disso andar
Lá fora no frio
Na noite;
revoltados
com a proteção,
com a Luz;
atraídos
pelo desconhecido;
ansiosos para saírem
por conta própria;
livres
para beber onde quisessem
alimentar-se onde pudessem
viver como quisessem:
até
serem curados,
deixe que tenham frio,
doenças;
deixe que conheçam o terror;
que se alimentem
com cardos,
ervas daninhas,

Salmo 23

e espinhos;
que escolheram
a companhia de lobos,
deixe que experimentem
o companheirismo que os lobos dão
aos extraviados indefesos;
mas, ah, deixe-os viver
mais sabiamente ainda que despedaçados!
E não importa onde
nem quão longe
perambulem
segui-las-ei
e
vigiarei
guardarei, vocês,
suas ovelhas néscias, inconstantes e teimosas
e algum dia
As trarei
de volta para casa!
—RUTH BELL GRAHAM

Nosso desconforto é obra de Deus: Aquele que nos cerca; coloca limites; frustra nossos sonhos; acaba com nossos melhores planos; frustra nossas esperanças; espera até que saibamos que nada irá acalmar a nossa dor, nada fará a vida ter sentido exceto Sua presença. E quando nos voltarmos para Ele, Ele estará lá para nos receber. Estava lá o tempo todo. "O Senhor está perto de todos os que o invocam" (Salmo 145:18).

Mas você retruca: "Por que Ele iria me querer? Ele conhece meu pecado, minhas inconstâncias, minhas dificuldades em ceder. Não sou bom o suficiente. Não me arrependo suficientemente do meu pecado. Não consigo parar de pecar".

Nossas inconstâncias não precisam ser explicadas para Deus. Ele nunca se surpreende com algo que fazemos. Ele vê tudo num relance: aquilo que é, o que poderia ter sido, o que teria sido se não fossem as nossas escolhas erradas. Ele vê os cantos escuros e as rachaduras do nosso coração e sabe tudo a nosso respeito. Mas aquilo que Ele vê, apenas atrai o Seu amor. Deus não tem motivações mais profundas que o amor. A sua natureza é amar; Ele não consegue fazer outra coisa. "Deus é amor" (1 João 4:8).

Você tem alguma mágoa que não consegue identificar? Uma dor vaga e triste? Uma dor inexplicável no seu coração? Vá até Aquele que fez o seu coração. Jesus disse "Venham a mim, todos os que estão cansados e sobrecarregados, e eu lhes darei descanso. Tomem sobre vocês o meu jugo e aprendam de mim, pois sou manso e humilde de coração, e vocês encontrarão descanso para as suas almas. Pois o meu jugo é suave e o meu fardo é leve" (Mateus 11:28-30).

Saber que Deus é assim, e conhecer este Deus, é descanso. Não há lição mais profunda do que isto: Ele é tudo aquilo que nós precisamos.

> *Pastor amável é Jesus*
> *Amigo e Rei clemente*
> *Que me alimenta e me conduz*
> *Agora e eternamente.*
> —HENRY W. BAKER (TRADUÇÃO J. W. FAUSTINI, 1960)

O Senhor é o meu pastor . . .

Pastor—a palavra traz consigo pensamentos de ternura, segurança e provisão. No entanto, nada significa se não posso dizer: "O Senhor é o *meu* pastor".

Esse monossílabo faz toda a diferença do mundo. Ele significa que eu posso ter toda a atenção de Deus, todo o Seu tempo, como se eu fosse o único que existe. Posso fazer parte de um rebanho, mas sou especial.

Uma coisa é dizer "O Senhor é um pastor"; outra é dizer "O Senhor é o *meu* pastor". Martinho Lutero observou que a fé é uma questão de pronomes pessoais: *meu* Senhor e *meu* Deus. Esta é a fé que salva.

A cada manhã o Pastor "chama as suas ovelhas pelo nome e as leva para fora. Depois de conduzir para fora todas as suas ovelhas, vai adiante delas, e estas o seguem, porque conhecem a sua voz" (João 10:3-4).

Esta manhã, quando você acordou, Seus olhos repousaram em você, Ele o chamou pelo nome e disse: "Vem, siga-me". É algo que se faz uma vez para sempre; mas também é algo que se faz diariamente.

Vinde, vós que estais cansados, oprimidos,
Vinde já;
Quem demora em vir a Cristo,
Sua angustia agravará.
Vossas dores, vossas dores, o Senhor aliviará.
—JOSEPH HART (ESTROFE DE HINO)

Em verdes pastagens me faz repousar e me conduz a águas tranqüilas;

Ó campos felizes nos quais
Esta forragem cresceu,
Cujo sabor nos torna
de feras
a homens renovados.
—ROBERT SOUTHWELL

Se fôssemos abandonados à nossa própria sorte, não teríamos nada além de inquietação, motivados pela percepção de que há algo mais a conhecer e amar. Mas Deus não nos deixa sozinhos. Ele *faz* com que nos deitemos em pastos verdejantes. Ele nos *guia* às águas tranqüilas.

Os verbos sugerem uma persuasão suave: um pastor encoraja paciente e persistentemente suas ovelhas a irem ao lugar onde fome e sede serão satisfeitas.

Nos dias de Davi, os "pastos verdejantes" eram os oásis —lugares verdejantes no deserto para os quais os pastores levavam seus rebanhos sedentos. Se fossem deixadas sozinhas, as ovelhas vagariam pelo deserto e morreriam. Os pastores experientes conheciam o terreno e conduziam seus rebanhos para os gramados e riachos que já conheciam, onde poderiam comer relva e matar a sede, deitar e descansar.

O quadro aqui não é de ovelhas comendo relva e bebendo, mas de ovelhas descansando, deitadas—literalmente "estiradas". O verbo *guiar* sugere uma caminhada vagarosa e sem pressa. A cena é de tranqüilidade, satisfação e descanso.

Era prática comum dos pastores fazerem seus rebanhos pastarem em lugares acidentados logo pela manhã, guiando-os para pastos melhores à medida que a manhã avançava, e depois iam a um oásis fresco e sombreado para o descanso do meio-dia.

A imagem de águas plácidas enfatiza o conceito de descanso: que sentimos quando temos todos os nossos desejos satisfeitos. Santo Agostinho clamava: "O que vai me obrigar a descansar no Senhor [...] de modo que eu possa esquecer minhas inquietações e prender-me a Ti, o único bem em minha vida?"

O mover é iniciado por Deus. "Ele faz-me (*induz-me* a) repousar em pastos verdejantes, *ele* conduz-me às águas tranqüilas". "Chama as suas ovelhas pelo nome e as leva para fora". "Depois de conduzir para fora todas as suas ovelhas, vai adiante delas, e estas o seguem, porque conhecem a sua voz" (João 10:3-4).

Deus dá o primeiro passo; Ele toma a iniciativa—chamando-nos, guiando-nos a um lugar de descanso.

Não que estejamos buscando a Deus; é Ele quem está nos procurando. "Há uma peculiaridade em Deus de sede e desejo [...]" diz a Senhora Julian de Norwich, "Ele anseia por nós".

Deus chamou por Adão e Eva extraviados, "Onde está você?" (Gênesis 3:9), demonstra a solidão que Ele sente quando está separado daqueles que ama. G. K. Chesterton sugere que toda a Bíblia trata da "solidão de Deus". Eu gosto da idéia de que Deus, de maneira um tanto inexplicável, sinta minha falta, que não suporte ficar separado de mim, que eu esteja sempre em Seus pensamentos, que me chame e me busque paciente e insistentemente, não apenas para o meu próprio bem, mas também pelo dele. Ele clama: "Onde está você?"

Bem no nosso âmago há um lugar para Deus. Fomos feitos por Deus e sem o Seu amor sofremos com a solidão e o vazio. Ele chama da profunda atmosfera para os nossos mais profundos sentimentos: "Um abismo chama outro abismo [...]" (Salmos 42:7).

Davi explica isso da seguinte maneira: "A teu respeito diz o meu coração: Busque a minha face! A tua face, SENHOR, buscarei" (Salmo 27:8). Deus falou às profundezas do coração de Davi, expressando o desejo do Seu coração: "Buscai a minha presença". E Davi responde com entusiasmo: "Buscarei, Senhor, a tua presença".

E é assim que as coisas são: Deus nos chama—buscando-nos para que nós o busquemos—e o nosso coração anseia por Sua presença.

A compreensão destas coisas mudou radicalmente a maneira como encaro o meu relacionamento com Deus. Agora não é mais dever nem disciplina—um regime que imponho a mim mesmo, igual a fazer cem abdominais a cada dia—mas uma reação, uma resposta àquele que vem me chamando por toda a minha vida.

Busquei o Senhor, e depois descobri
Que Ele moveu minh'alma a procurá-lo, quando buscava a mim;
Não fui eu quem Te encontrou, Ó Salvador verdadeiro.
Não. Fui encontrado por Ti.
—GEORGE MACDONALD

Recebendo a Deus

Mas que pastos verdejantes e águas tranqüilas são essas às quais Ele nos guia? Onde estão eles? Qual é a realidade por trás destas metáforas?

A realidade é o próprio Deus. *Ele é* nosso verdadeiro aprisco (Jeremias 50:7) e nossas águas tranqüilas. Ele é nosso verdadeiro alimento, nossa água viva. Se não o recebermos, morreremos de fome.

Há uma fome no coração humano que apenas Deus pode satisfazer. Há uma sede que ninguém, senão Ele, pode saciar. "Cavamos avidamente o poço, para conhecer a verdadeira água", como diz a canção, mas não ficamos satisfeitos até que O encontramos. Disse Jesus: "Não trabalhem pela comida que se estraga, mas pela comida que permanece para a vida eterna, a qual o Filho do homem lhes dará" [...] "Então Jesus declarou: 'Eu sou o pão da vida. Aquele que vem a mim nunca terá fome; aquele que crê em mim nunca terá sede'" (João 6:27, 35).

A confissão de Malcom Muggeridge expressa muito bem este pensamento:

Creio que poderia me descrever como um homem relativamente bem-sucedido. As pessoas ocasionalmente me reconhecem na rua. Isto é fama. Com relativa facilidade posso ganhar dinheiro suficiente para atingir as faixas mais altas do imposto de renda. Isto é sucesso. Com dinheiro no bolso e um pouco de fama, até mesmo os idosos, caso queiram, podem participar das diversões que estão na moda. Isto é prazer. Pode acontecer, de vez em quando, que algo que eu tenha dito ou escrito receba suficiente atenção para acreditar que aquilo tenha tido um impacto importante em nossa época. Isto é realização. Contudo, eu lhes digo, e imploro que acreditem em mim, que multipliquem estes pequenos triunfos por um milhão e os somem, eles nada serão, menos que nada, apenas um impedimento positivo, quando comparados com uma gota daquela água viva que é oferecida àqueles que têm sede espiritual.

Nutrindo-se de Deus; sorvendo-o . . .

Mas como nos nutrimos de Deus? Como sorvê-lo? Mais uma vez somos confrontados com um simbolismo. O que significam estas metáforas?

Como todos os relacionamentos, esse processo começa, com um encontro. Como disse Davi:

Como a corça anseia por águas correntes,
a minha alma anseia por ti, ó Deus.
A minha alma tem sede de Deus, do Deus vivo.
Quando poderei entrar
para apresentar-me a Deus?
—SALMO 42:1-2

Deus é uma pessoa real. Ele não é uma invenção humana, um conceito, uma teoria, ou uma projeção de nós mesmos. Ele está incrivelmente vivo—muito mais real do que nos nossos sonhos mais desvairados. Ele pode ser "encontrado", como Davi sempre se expressa.

A. W. Tozer escreveu:

> Deus é um pessoa, e como tal, o relacionamento com Ele pode ser cultivado como com qualquer pessoa. Deus é uma pessoa e nas profundezas da Sua natureza poderosa Ele pensa, tem vontade própria, se diverte, sente, ama, deseja e sofre como qualquer outra pessoa. Deus é uma pessoa e pode ser conhecido em graus crescentes de intimidade à medida que preparamos nossos corações para estas maravilhas.

A realidade existe, mas também existem os obstáculos. Estamos dispostos a nos preparar para encontrá-lo? Ele responde ao nosso menor sinal, porém nos aproximamos somente o tanto quanto queremos. Moisés prometeu: "buscarás ao Senhor, teu Deus, e o acharás"; mas acrescentou uma condição: "quando o buscares de todo o teu coração e de toda a tua alma" (Deuteronômio 4:29).

Não é preciso procurar demais ou por muito tempo para encontrar Deus. Ele está apenas a pequena distância dos nossos corações (Romanos 10:8-9), mas não se intrometerá. Ele nos chama e então espera nossa resposta. O nosso andar em Sua direção é determinado pelo desejo de nos comprometermos com Ele pessoalmente e de *conhecê-lo*.

Nós dizemos, "tem algo errado comigo; não estou feliz; deve haver algo melhor que isto", porém nada fazemos acerca do nosso descontentamento. É este estado de resignação que nos mantém longe da alegria. Nossa primeira tarefa é sermos honestos conosco mesmos. Queremos ou não queremos Deus? Se queremos, é preciso estarmos dispostos a responder-lhe. "Aproxime-se de Deus", diz Tiago, "e ele se aproximará de você" (Tiago 4:8). É uma questão de querer. "Ó Deus, tu és o meu Deus forte; eu te busco *intensamente*", diz o salmista (Salmo 63:1).

Tempo a sós

"Comece com pouco e inicie imediatamente" diz um velho ditado Quaker—dos colonizadores dos Estados Unidos. A idéia é manter as coisas simples e começar imediatamente. A simplicidade começa com a solidão—não somente um tempo a sós, mas tempo a sós com Deus.

> *Solidão começa com um período de tempo e um lugar para Deus,
> e somente para Ele.
> Se realmente cremos não somente que Deus existe,
> mas também que está agindo neste presente momento em nossas vidas
> —curando, ensinando e guiando—necessitamos reservar tempo
> e espaço para lhe dar atenção total.*
> —HENRI NOUWEN

Mas onde podemos encontrar esse tempo a sós? Onde encontrar um lugar silencioso no meio dos ruídos e exigências deste mundo? "É difícil ver Deus estando na multidão", disse Santo Agostinho, "esta visão requer um lugar secreto". "vá para seu quarto", disse Jesus, "feche a porta e ore a seu Pai, que está em secreto" (Mateus 6:6).

Existe um local de encontro—um momento e um lugar onde podemos nos encontrar com Deus e ouvir Seus pensamentos, e Ele pode ouvir os nossos; um momento para dois, em que Ele recebe toda nossa atenção e nós temos toda a atenção dele.

É no tempo a sós que estamos menos sozinhos e onde nossa mais profunda solidão pode ser aliviada. É um lugar de cura interior, onde Deus pode consertar os estragos causados pelos ruídos e pressões do mundo. "Quanto mais você for lá", disse Thomas á Kempis, "mais vai querer retornar".

Salmo 23

É preciso levantar cedo,

Se quiser absorver a presença de Deus {...}

—JAMES RUSSELL LOWELL

"Vou despertar a alvorada!", diz Davi (Salmo 57:8). É necessária uma recomendação aqui sobre encontrar Deus antes que nossos dias movimentados iniciem e nossas agendas comecem a nos tiranizar, porém não entendamos isto de modo legalista, como se significasse que temos que levantar antes do sol para merecer um encontro com Deus. Para muitas pessoas, a melhor hora é pela manhã; para outros, a manhã parece a melhor oportunidade para Satanás perturbar. Há momentos em que não apenas parece ser mais fácil encontrar-se com Deus, mas realmente é mais fácil. Isto é algo que você precisa negociar com o seu corpo. Mais importante é o anelo por encontrá-lo. A vantagem em encontrá-lo bem cedo é que ouvimos os pensamentos dele antes que outros pensamentos invadam nossas mentes.

O primeiro passo é encontrar uma Bíblia, um lugar calmo, e um período de tempo sem interrupções. Sente-se quietamente e lembre-se que está na presença de Deus. Ele está lá, ansioso para se encontrar com você. "Permaneça nesse lugar secreto", diz A. W. Tozer, "até que os ruídos comecem a desaparecer do seu coração, até a presença de Deus te envolver. Procure ouvir Sua voz interior até aprender a reconhecê-la".

Enquanto não nos aquietarmos, não ouviremos a voz de Deus. Deus não pode ser ouvido entre o ruído e a inquietação, somente no silêncio. Ele falará conosco se lhe dermos a oportunidade, se escutarmos, se ficarmos quietos. O salmista proclama: "Parem de lutar! Saibam que eu sou Deus!" (Salmo 46:10).

"Escutem, escutem-me", suplica Deus, "e comam o que é bom, e a alma de vocês se deliciará com a mais fina refeição" (Isaías 55:3)

Ouça-o. Não há outra maneira. "Quando as tuas palavras foram encontradas, eu as comi" disse Jeremias (Jeremias 15:16). Sente-se aos pés dele e deixe que Ele o alimente. Este é o lugar onde se deve estar (Lucas 10:38-42).

> *Melhor do que emocionar uma multidão atenta,*
> *É sentar aos pés de um homem sábio.*
> —GEORGE MACDONALD

O problema com muitos de nós é que, apesar de lermos a Palavra de Deus, não nos nutrimos de Deus. Estamos mais preocupados em dominar o texto—encontrar o seu significado preciso, juntar teorias e teologias—para falarmos de modo mais inteligente sobre Deus. No entanto, a principal finalidade da leitura da Bíblia não é acumular conhecimento sobre Sua pessoa, mas vir a Ele e conhecê-lo como nosso Deus vivo.

> *Você não está aqui para verificar,*
> *Instruir-se, ou matar a curiosidade,*
> *Ou mandar relatórios.*
> *Você está aqui para se ajoelhar.*
> —T. S. ELIOT

Jesus disse aos melhores estudantes da Bíblia dos seus dias: "Vocês estudam cuidadosamente as Escrituras, porque pensam que nelas vocês têm a vida eterna. E são as Escrituras que testemunham a meu respeito" (João 5:39).

Os estudiosos leram a Bíblia, mas não escutaram Deus; nunca ouviram Sua voz. Deveríamos fazer mais do que ler as palavras, deveríamos procurar "a Palavra revelada nas palavras", como disse Karl Barth. Queremos ir além da mera informação, queremos ver Deus e ser instruídos e moldados por Sua verdade. Há uma satisfação passageira—a alegria da descoberta—em adquirir conhecimento sobre a Bíblia, mas sem vida. A Bíblia não é um fim em si mesma, mas um estímulo à nossa interação com Deus.

Comece com um desejo consciente de dedicar-se a Ele de modo pessoal. Escolha uma parte das Escrituras—um versículo, um parágrafo, um capítulo—e leia-a repetidamente. Sinta Sua presença falando com você, abrindo a sua mente, suas emoções e vontade. Deus é eloqüente. Ele fala conosco através da Sua Palavra. Medite nas Suas palavras até que os pensamentos dele comecem a ser moldados em sua mente.

Pensamentos é a palavra correta, pois é exatamente isto que a Bíblia é: a mente do Senhor (veja 1 Coríntios 2:6-16). Quando lemos Sua palavra, estamos lendo Sua *mente*: aquilo que Ele sabe, sente, quer, gosta, deseja, ama e detesta.

Reflita por algum tempo sobre o que Ele está dizendo. Pense em cada palavra. Dê-se um tempo para meditar em oração até que Deus se manifeste e se revele.

Para penetrar no assunto mais com o coração do que com a mente,
leia silenciosamente, vagarosamente, palavra por palavra.
De vez em quando faça pequenas pausas
para as verdades fluírem nos recônditos da alma.
—JEAN-PIERRE DE CAUSSADE

Ouça cuidadosamente as palavras que o emocionam e medite em Sua bondade. Desfrute da Sua fidelidade (Salmo 37:3).

Salmo 23

Reflita sobre Sua bondade e os vislumbres do Seu amor infalível, que o motiva a amá-lo mais (Salmo 48:9). Saboreie Suas palavras. *"Provem*, e vejam como o SENHOR é bom" (Salmo 34:8).

*Passe uma hora por dia em adoração
ao Senhor, e você ficará bem.*
—MADRE TERESA

Com esse conselho ela poderia dizer coisas diferentes a cada um de nós. Depende muito do nosso temperamento, família, exigências do trabalho, estado de saúde, idade e nível de maturidade. No início, talvez agüentemos apenas dez ou quinze minutos. Mais tarde talvez, estaremos prontos para uma hora por dia. No início não é importante quanto tempo gastamos. O importante é começar. O Espírito de Deus nos dirá o que fazer dali por diante.

Nossas leituras deveriam ser direcionadas a uma apreciação de Deus, a deleitar-se nele, a observar Sua beleza, como disse Davi (Salmos 27:4). Quando nos aproximamos de Deus desta maneira, ficamos predispostos a querer mais dele. Agostinho disse: "Eu te provei, e agora tenho fome de ti".

Não precisamos nos preocupar com textos que não entendemos. Alguns significados nos escaparão. O que for difícil indica que nossos corações ainda não conseguem absorver aquilo. Como Jesus disse aos seus discípulos: "Tenho ainda muito que lhes dizer, mas vocês não o podem suportar agora" (João 16:12). Há muitas coisas que nunca saberemos, mas algumas das perguntas mais difíceis serão respondidas quando estivermos prontos para discerni-las.

Deus nunca poderá ser entendido através do intelecto. O discernimento é fruto da pureza do coração: do amor, humildade e desejo de obedecer. Os puros de coração vêem a Deus, disse Jesus em Mateus 5:8. Quanto mais soubermos sobre a verdade de Deus e quisermos obedecer, tanto mais saberemos.

As palavras do Senhor são sementes
plantadas pelo agricultor em nossos corações.
Para crescerem, é preciso que caiam em nossos corações.
A meditação e a oração precisam regá-las
e a obediência as mantêm na luz.
E assim darão frutos para o encontro com o Senhor.
—GEORGE MACDONALD

Também não deveríamos nos preocupar com nossas dúvidas. Como Deus poderia se revelar sem deixar qualquer dúvida?

Salmo 23

Madelein L'Engle disse: "Aqueles que acreditam crer em Deus [...] sem angústia na mente, sem incertezas, sem dúvidas, ou mesmo sem ocasionais desesperos, crêem apenas na concepção de Deus, não no próprio Deus".

As incertezas fazem parte da vida. A melhor coisa a fazer é levar nossos questionamentos e dúvidas diretamente a Deus, como Davi fazia com freqüência. Seus salmos estão repletos de dores e discordâncias com as maneiras pelas quais Deus trabalha. Ele enche páginas e páginas com confusão e descrença. É bom fazer assim. Deus sabe lidar com nossas indecisões.

Às vezes estamos mais lentos, ou emocionalmente vazios, cansados e entediados. Em tais ocasiões, não vale a pena tentarmos nos obrigar a pensar mais profundamente ou reagir com mais intensidade. Se o valor do nosso tempo a sós com Deus depender do nosso estado emocional, sempre teremos problemas. Nunca deveríamos nos preocupar como nos sentimos. Mesmo quando nossas mentes estão confusas ou quando nossos corações estão frios, podemos aprender em nossa solidão. Não tente obrigar seu coração a amar Deus. Simplesmente entregue-o a Ele.

Se estivermos enfrentando épocas difíceis com Deus, se ainda não confiamos em Seu coração, deveríamos ler os evangelhos: Mateus, Marcos, Lucas e João. Neles podemos ler o que Jesus disse e fez, e aquilo que diziam sobre Ele. Vemos como Ele torna visível o Deus invisível. Quando Filipe, um discípulo de Jesus, lhe pediu para ver Deus, Jesus respondeu: "Você não me conhece, Filipe, mesmo depois de eu ter estado com vocês durante tanto tempo? Quem me vê, vê o Pai" (João 14:9).

*O pedido de Filipe é a expressão profunda da grande fome
que há por trás de toda a busca religiosa, como faziam os santos e
místicos, pensadores, moralistas e homens de fé de todos os tempos.
"Aquele que me vê, vê ao Pai" é a resposta desconcertante de Jesus.
É isto o que a doutrina da filiação divina de Cristo verdadeiramente
significa e a razão de sua importância.
Nas palavras de Jesus ouvimos a voz de Deus;
nas Suas obras, vemos o Seu agir; nas Suas censuras vislumbramos o
julgamento de Deus; no Seu amor sentimos o coração de Deus batendo.
Se isto não for verdade, não sabemos absolutamente nada sobre Deus.
Se for verdade—e nós sabemos que é—então {...}
Jesus é Deus manifesto na carne,
o único, incomparável e unigênito filho do Deus vivo.*

—AUTOR DESCONHECIDO

A principal aplicação dos Evangelhos é ajudar-nos a perceber o caráter de Deus evidenciado, personalizado e compreensível na pessoa de Jesus. Aquilo que vemos Jesus fazer—se importando, sofrendo, chorando, chamando, buscando—é o que Deus está fazendo e fez o tempo todo. Se você não consegue amar a Deus, tente vê-lo em Jesus. Em Cristo, Ele é mostrado como alguém que não tem limites em Seu amor; alguém a quem podemos contar todas as nossas dúvidas, desapontamentos, e juízos errôneos; alguém "a quem podemos abordar sem medo e nos submeter sem ficar desesperados" (Blaise Pascal). Nos evangelhos vemos que Deus é o único Deus que vale a pena ter.

E depois orar . . .

À medida que ouvimos Deus, devemos responder. Isto é oração—nossa resposta à revelação e abertura do coração de Deus. "Meu Deus, a tua criatura responde a ti" disse Mussett, o poeta francês. A oração, entendida desta maneira, é uma extensão dos nossos encontros com Deus, em vez de ser algo forçado.

Nossos encontros com Deus são como uma conversa educada com um amigo. Não são monólogos em que apenas uma das pessoas fala e a outra escuta, mas diálogos nos quais escutamos cuidadosamente um ao outro se revelando e depois respondendo.

Um dos meus colegas descreveu o processo da seguinte maneira. Se estivermos lendo um bilhete de uma pessoa amada no qual somos elogiados, amados, apreciados, aconselhados, corrigidos e auxiliados de várias maneiras, e esta pessoa estiver presente na sala enquanto lemos, é mais do que justo que expressemos nossos agradecimentos, retribuamos o amor, façamos perguntas e reajamos à mensagem de várias maneiras. Seria mal-educado agir de outro modo. Isto é oração.

Por volta de 1370, foi publicado um livro com o título de "A nuvem do desconhecimento". Diz-se que o autor era diretor espiritual num mosteiro, porém não sabemos o seu nome. Muito daquilo que escreveu é difícil de entender, mas quando ele falava de oração, era profundamente simples.

Dizia ele que Deus pode ser conhecido, até mesmo através da "nuvem do desconhecimento", se reagirmos a Ele com "apenas uma pequena palavra [...] quanto menor for, melhor será". Seu livro é referência para orações sucintas e simples:

> *É bom pensar na tua bondade, ó Deus*
> *e amar-te e louvar-te por isto.*
> *Entretanto é muito melhor pensar*
> *Sobre o teu simples ser,*
> *E amar-te e louvar-te pelo que és.*
> *Senhor, eu te cobiço e busco a ti,*
> *E nada além de ti.*

Salmo 23

Meu Deus,
Tu és tudo que eu necessito e mais do que isto;
Qualquer um que tem a ti
Não necessita mais nada nesta vida.

Se você não souber por onde começar, ore os salmos de Davi. A vida de Davi se caracterizava pela oração: "Sou um homem de oração", disse ele (Salmo 109:4). Os tradutores incluíram as palavras "um homem de", mas o texto diz simplesmente: "Sou oração". A oração era a essência da vida e caráter de Davi, e nossa também. Temos este acesso a Deus, esta intimidade com Ele, esta oportunidade de receber tudo que o Seu coração guarda para nós. A oração é o meio pelo qual recebemos os dons de Deus, o meio pelo qual tudo é feito. Davi nos ensina a orar.

Orar é reverenciar. Nossa oração deve estar cheia de adoração, afeição e ternura por Deus: por Ele ser aquilo que é; por nos criar para receber o derramar do Seu amor; por abrir Seus braços estendidos na cruz; por querer, no mais amplo sentido, nos tornar homens e mulheres integrais. Na adoração, como *adoraração* indica, declaramos aquilo que mais valorizamos em Deus. É uma das melhores maneiras no mundo de amar a Deus.

A oração é a mais alta expressão da nossa dependência de Deus. É pedir aquilo que queremos. Podemos pedir qualquer coisa—até mesmo as mais difíceis. "Não andem ansiosos por coisa alguma, mas em tudo, pela oração e súplicas, e com ação de graças, apresentem seus pedidos a Deus" (Filipenses 4:6). Tudo que for suficientemente grande para ocupar nossos pensamentos é suficientemente grande para ser objeto de nossas orações.

Contudo, a oração, pela sua natureza, é uma *petição*. Não é insistência nem clamor. Não podemos exigir de Deus, nem fazer acordos com Ele. Além disto, estamos falando com um amigo. Amigos não fazem exigências. Eles pedem e esperam. Nós esperamos com paciência e submissão até que Deus nos dê aquilo que pedimos ou algo além disto.

Davi escreveu: "De fato, acalmei e tranqüilizei a minha alma. Sou como uma criança recém-amamentada por sua mãe; a minha alma é como essa criança" (Salmo 131:2). Davi estava no exílio, esperando por Deus, aprendendo a não se preocupar com as Suas demoras e outras maneiras misteriosas. Não mais ansioso e impaciente, ele esperou que Deus respondesse no Seu devido tempo e modo. Ele é *capaz* de fazer muito mais do que pedimos ou imaginamos, mas Deus precisa fazê-lo em Seu tempo e Sua maneira. Nós pedimos em nosso tempo e forma, mas Deus responde no Seu.

Orar é pedir por entendimento. Este é o meio pelo qual compreendemos o que Deus nos está dizendo em Sua palavra.

O processo pelo qual discernimos Sua mente não é natural, mas sobrenatural; as coisas espirituais são discernidas espiritualmente (1 Coríntios 2:6-16). Há verdades que nunca poderão ser compreendidas pelo intelecto humano. Não podem ser descobertas; precisam ser reveladas. Certamente podemos entender os fatos da Bíblia sem a ajuda de Deus, mas jamais poderemos mergulhar nas Suas profundezas, nem apreciar completamente "o que Deus preparou para aqueles que o amam" (1 Coríntios 2:9). Precisamos orar e esperar que a verdade chegue honestamente às nossas mentes.

A oração transporta aquilo que sabemos em nossa cabeça para o nosso coração; a oração é o nosso escudo contra a hipocrisia, a maneira pela qual começamos a ser verdadeiros. Nossa percepção da verdade está sempre adiante de nossa condição. A oração nos harmoniza e preenche o vazio entre aquilo que sabemos e aquilo que somos.

A oração nos dá uma direção e une nossos corações fragmentados a Deus. Temos mil necessidades. Para nós é impossível purificar, simplificar e integrá-las numa só. Davi orava: "dá-me um coração inteiramente fiel, para que eu tema o teu nome" (Salmo 86:11). Ele queria amar a Deus com toda sua alma, mas não conseguia manter o esforço. Outros interesses e afetos o atraíam e dividiam, de modo que pediu que Deus guardasse e unisse os afetos do seu coração em um só.

Satisfeito pela manhã . . .

Ele me acorda manhã após manhã,
desperta meu ouvido para escutar,
como alguém que está sendo ensinado.
O Soberano, o SENHOR,
abriu os meus ouvidos,
e eu não tenho sido rebelde;
eu não me afastei.
—ISAÍAS 50:4-5

Concentrar-se em Deus é algo que precisa ser feito todas as manhãs, como se nunca tivesse sido feito antes. Naquele lugar seguro Ele nos conforta, nos instrui, nos ouve, prepara nossos corações e nos fortalece para o dia. Ali aprendemos a amá-lo e adorá-lo novamente; apreciamos Suas palavras e mais uma vez no rendemos a Ele. Dele recebemos uma nova perspectiva sobre os problemas e possibilidades do nosso dia.

Salmo 23

> *Satisfaze-nos pela manhã com o teu amor leal,*
> *e todos os nossos dias cantaremos felizes.*
> —SALMO 90:14

Depois deveríamos levar Sua presença conosco durante todo o dia—andando, parando, esperando, escutando, lembrando o que Ele nos disse pela manhã. Ele é nosso mestre, nosso filósofo, nosso amigo; nosso companheiro mais gentil, mais bondoso e mais interessante.

Ele está conosco em todos os lugares; Ele está na rotina diária, quer saibamos ou não. "Sem dúvida o SENHOR está neste lugar, mas eu não sabia!" disse Jacó, num lugar onde menos esperava por isso (Gênesis 28:16). Podemos não perceber que Ele está perto. Podemos nos sentir sós, tristes e desolados. Nosso dia pode parecer desanimador e assustador, sem um raio visível de esperança, contudo Ele está presente. Deus disse:

> *Nunca o deixarei,*
> *nunca o abandonarei.*
> —HEBREUS 13:5

Portanto, podemos dizer com confiança . . .

> *O Senhor é o meu ajudador,*
> *não temerei.*
> —HEBREUS 13:6

O clamor deste mundo visível e audível é tão persistente e a voz de Deus é, às vezes, tão inaudível que nos esquecemos que Ele está perto. Mas não se preocupe: Ele não consegue nos esquecer.

> *Quantas vezes acordo e descubro*
> *Que andei te esquecendo.*
> *Jamais estou longe da tua mente;*
> *És tu quem me acordas.*
> —GEORGE MACDONALD

Na presença de Deus há satisfação: Seus pastos exuberantes não têm limites; Suas águas tranqüilas são profundas. Digo a mim mesmo: "Tomarei conta delas numa boa pastagem, [...] ali se alimentarão, num rico pasto nos montes de Israel" (Ezequiel 34:14).

Restaura-me o vigor.
Guia-me nas veredas da justiça
por amor do seu nome.

Todo homem deve ser virtuoso e maldoso;
Poucos ao extremo, mas todos na medida certa.
—ALEXANDER POPE

Deus sabe que necessitamos ser restaurados. Quando enfrentamos as tentações do dia-a-dia, caímos voluntária e repetidamente. Os mesmos defeitos e fracassos nos perseguem através da vida. Novos vícios surgem e nos dominam. Tropeçamos seguidamente nos maus julgamentos.

Vez ou outra procuramos nos restaurar. Talvez digamos, hoje será o dia em que lidarei com meu ciúme, ódio e luxúria; descobrirei como me afastar da autopiedade, da atitude defensiva, da auto-indulgência, e todas as variações do amor egoísta que nos separam de Deus e uns dos outros.

Talvez, talvez, mas provavelmente não conseguirei; apesar de todos esses ataques de moralidade, nada de duradouro acontece. O pecado continua nosso mestre obstinado—indomado e intratável.

Culpamos os maus genes, as famílias disfuncionais ou ancestrais dementes, mas ninguém jamais teve que nos obrigar a proceder mal, fazemos por nossa própria vontade.

> *{Deus} te chama para enfrentar inimigos; e começa*
> *Te mostrando um conflito contigo mesmo: o pior.*
> —WILLIAM COWPER

Os teólogos escrevem sobre o *pecado original*, o que poderia sugerir que pecamos de maneiras novas e criativas. Porém não há novas maneiras de pecar. Tudo já foi feito anteriormente. Não, o *pecado original* significa simplesmente que somos pecadores em nossas *origens*: "Sei que sou pecador desde que nasci, sim, desde que me concebeu minha mãe" (Salmo 51:5). Somos jogados neste mundo como uma bola de vôlei, com o tempo perdemos a força, caímos sempre e vamos para longe.

Depravação total é outro termo que os teólogos usam para descrever nossa situação. Isto significa que o pecado afeta a totalidade do nosso ser. Se o pecado fosse azul, teríamos tons de azul por todo nosso corpo. De uma maneira ou outra, pequenos ou grandes, ocultos ou revelados, estamos pintados e manchados pelo pecado. O pecado é biológico: inato e imutável, uma realidade dolorosa manifestada nas coisas que fazemos. Somos pecadores no âmago do nosso ser. Não fomos enganados ou maltratados. Há algo em nossa constituição que está terrivelmente errado; que nos faz desejar o mal, nos induz ao erro, e quando tentamos não cometê-lo, parece-nos impossível não pensar em cometer erros.

Mas então, ninguém precisa nos falar que somos imperfeitos. Quem de nós pode afirmar, "Tenho sido irrepreensível [...] para com ele e guardei-me de praticar o mal" (Salmo 18:23)? Não, só precisamos ser lembrados disto, mas não que nos digam. Sabemos como somos, ainda que não gostemos de mostrar para os outros como somos. Shakespeare já dizia, nossa maior dificuldade não é tanto abandonar o pecado, mas mantê-lo escondido.

Contudo, Deus não nos permite mantê-lo escondido, mas nos deixa fazer as coisas mais embaraçosas nas ocasiões mais inoportunas: atos grosseiros e sem princípios que nos envergonham até as lágrimas. "Deus não nos deixa até que nosso coração e nossos ossos sejam quebrados" (O Pastor de Hermes). Um dos mais populares livros na história da Igreja Cristã durante o segundo, terceiro e quarto séculos. Autoria atribuída ao mesmo Hermes mencionado por Paulo em Romanos 16:14.

Salmo 23

> *Mas para lembrar-nos da maldição de Adão e da nossa;*
> *E que para sermos restaurados, nossa doença precisa piorar.*
> —T. S. ELIOT

Antes de melhorar, parece que precisamos piorar. Precisamos experimentar as profundezas da nossa depravação e ver a matéria miserável da qual somos feitos.

"Nenhum homem é verdadeiramente bom", diz o padre Brown, o detetive de G. K. Chesterton, "até que ele saiba o quanto é mau; até que tenha compreendido exatamente quanto direito ele tem a todo este esnobismo, zombaria e tagarelice sobre 'criminosos', como se fossem macacos numa floresta a dez mil quilômetros daqui; até que ele se livre de toda a ilusão de tagarelar sobre tipos inferiores e cérebros incapazes; até que seja espremida da sua alma a última gota do óleo dos fariseus; até que sua única esperança, seja de um jeito ou de outro, ter capturado pelo menos um criminoso e tê-lo mantido são e salvo embaixo do seu próprio chapéu".

O pecado é uma atrocidade. Precisamos entender o quanto ele é monstruoso e escandaloso, e o quanto necessitamos desesperadamente do perdão de Deus. Não conseguimos apreciar a magnitude da Sua aceitação até compreendermos o tamanho dos nossos pecados. Somente quando chegamos ao fracasso profundo e depressivo, é que entendemos e desejamos ardentemente Sua graça.

Davi conhecia o estilo de Deus. Nunca alguém havia sido tão brutalmente revelado. Você conhece a história dos sentimentos de Davi por Bateseba, a bela e jovem esposa de Urias. Bastou um breve momento de paixão indulgente e Davi mergulhou em sua ruína. O ilustre rei de Judá, o cantor gentil de Israel, tornou-se Davi o sedutor, o adúltero— e logo um monstro mentiroso, um assassino e, depois, assassino em massa, absolutamente impiedoso e insensível pelo horror que causava. Uma vez que começamos, o pecado não tem mais limite.

O colapso moral raramente é uma explosão repentina. Ele se parece mais com um vazamento lento, resultante de mil pequenas indulgências, cujas conseqüências não são imediatamente aparentes. Somos seduzidos pela atração do pecado e levados adiante em estágios sutis. Estamos em transição para o fracasso:

O vício é um monstro de tão horrorosa aparência
Que, para ser odiado, necessita ser visto;
No entanto, se visto com freqüência,
familiarizados com sua face,
Primeiro resistimos, depois nos apiedamos, e por fim abraçamos.
—ALEXANDER POPE

A atração se torna fantasia. (O pecado imaginário parece excitante, enquanto que o bem imaginário parece enfadonho. Este é o engano fundamental das nossas fantasias). A fantasia nos suaviza e nossas convicções desmoronam. Chegamos então a um estado de espírito em que escutamos nossas paixões e, havendo escutado, não temos mais vontade de resistir.

Então vem o consentimento, e com o consentimento as racionalizações. Temos que justificar nosso comportamento para nós mesmos e para os outros. Temos motivos para tudo, exceto nosso mau procedimento. Todas as nossas ações devem ser explicadas e parecerem boas.

Mas nossos corações sabem. Há momentos em que nossos desejos suavizam e ansiamos por acertar as coisas. Se naquele momento não escutarmos o nosso coração, haverá um endurecimento metálico, e depois a corrupção. Nossos erros sofrem mutações, alterando sua forma e qualidade, evoluindo para o narcisismo negro e a crueldade horripilante. Não nos importamos mais com quem se machuca, desde que consigamos o que queremos.

E por fim a revelação a outros. Mais cedo ou mais tarde enfrentamos a experiência horrível de sermos descobertos. No início negamos veementemente qualquer delito. Depois dissimulamos (as pessoas em conflito sempre mentem). Mas, inevitavelmente, nossa desonra se propaga aos quatro ventos. É impossível se esconder da vergonha. Experimentamos a força inexorável da lei: o pecado, não importa o que fizermos, não prosperará.

E, em algum momento, as conseqüências nos alcançam e temos que encarar os fatos. Ou, como Davi, temos que enfrentar cara a cara alguém que traz os fatos à tona. Natã, um confiável amigo de longa data, preparou uma armadilha para o pastor-rei com uma história sobre um homem rico que pegou o cordeiro preferido de outro homem para servi-lo a um "viajante", a metáfora de Natã para a paixão temporária de Davi (2 Samuel 12:1-4).

Davi, cansado de abafar sua consciência, explodiu o seu veredicto sobre o homem e seu terrível ato: "Então Davi encheu-se de ira contra o homem e disse a Natã: 'Juro pelo nome do SENHOR que o homem que fez isso merece a morte!'" (12:5). Roubar ovelhas não era um crime capital em Israel. De acordo com a lei de Israel, era necessário que o ladrão restituísse quatro vezes mais à vítima (Êxodo 22:11). Davi reagiu de forma exagerada ao jogar sobre outro, o juízo rigoroso que deveria ter aplicado a si mesmo.

"Você é esse homem!", disse Natã a Davi. E continuou: "Assim diz o SENHOR, o Deus de Israel: 'Eu o ungi rei de Israel e o livrei das mãos de Saul. Dei-lhe a casa e as mulheres do seu senhor. Dei-lhe a nação de Israel e Judá. E, se tudo isso não fosse suficiente, eu lhe teria dado mais ainda. Por que você desprezou a palavra do SENHOR, fazendo o que ele reprova?'" (2 Samuel 12:7-9).

Face a face com a sua corrupção, Davi enterrou seu rosto nas mãos: "Pequei contra o SENHOR" foi tudo que respondeu. Nenhuma desculpa, nenhuma justificação, nenhuma circunstância atenuante, nenhuma súplica especial. E Natã diz: "O SENHOR perdoou o seu pecado. Você não morrerá" (2 Samuel 12:13).

Deus deixa-nos errar, mas não para nos envergonhar e sim para nos assegurar que somos profundamente amados por Ele, apesar de sermos culpados, perversos e fracos. O amor de Deus a despeito da nossa maldade é que nos desperta para a humildade e o arrependimento.

A humildade e o arrependimento são as chaves para o coração de Deus. Aqueles que clamam "Deus, tenha misericórdia de mim, pobre pecador", voltam para casa justificados (Lucas 18:13-14). Deus até hoje nunca desprezou um coração quebrantado e contrito. (Salmo 51:17).

No momento em que somos descobertos e quebrantados, a nossa vergonha pode ser escondida embaixo do tapete, ou podemos ser tocados no coração pela incrível graça de Deus e saber que apesar de sermos pecadores infelizes, somos totalmente aceitos. Deus nos ama apesar de estarmos perdidos no pecado e na confusão. Ele não está procurando por umas poucas pessoas boas: "Bom e justo é o Senhor; por isso mostra o caminho aos. pecadores" (Salmo 25:8).

Davi proferiu sua confissão e foi interrompido por um derramamento de perdão e amor do Seu Pai. Não houve nenhum intervalo entre o reconhecimento do pecado e a garantia de Natã de que tudo estava bem. Ainda que Davi tenha sofrido as conseqüências do seu pecado, Deus cancelou a culpa que havia contra ele. Davi podia andar de cabeça erguida. Ele podia perdoar a si mesmo e esquecer por causa da experiência da cura proveniente do amor de Deus.

Quando Natã foi embora, Davi abriu o seu coração para Deus:

Como é feliz aquele
que tem suas transgressões perdoadas
e seus pecados apagados!
Como é feliz aquele
a quem o Senhor não atribui culpa
e em quem não há hipocrisia! {...}
Então reconheci diante de ti o meu pecado

Salmo 23

e não encobri as minhas culpas.
Eu disse: Confessarei as minhas transgressões
e tu perdoaste a culpa do meu pecado.
—SALMOS 32:1-2, 5

Foi a história do cordeiro—uma pequena, inocente ovelha—que quebrantou o coração de Davi, mostrou-lhe o quão pecador era, e o levou ao arrependimento (2 Samuel 12:1-13). E "não é nada mais ou nada menos que a história da morte de um Cordeiro, o cordeiro de Deus, morto desde a fundação do mundo, que nos traz ao arrependimento e nos mostra como é grande nosso pecado, e quão maior ainda é o perdão de Deus" (Clarence E. Macartney).

Deus permanece conosco a despeito da nossa ruína; Ele discerne as possibilidades até mesmo em nossa degradação. Ele usa o pecado para despertar a nossa necessidade da Sua graça. O pecado nos abranda e nos torna mais suscetíveis à moldagem de Deus. Quando caímos, nós caímos em Suas mãos.

"O pecado é sombrio, perigoso e deplorável", escreveu F. B. Meyer, "mas não pode deter o amor de Deus; nem pode mudar o fato de um amor que não é recente, mas que data desde a eternidade".

Ao invés de chorarmos por nossa humilhação, devemos aceitar a graça de Deus e a Sua oferta de perdão, e seguir em frente. "Mas o coração angustiado oprime o espírito", diz um velho provérbio (Provérbios 15:13).

Não devemos cair na armadilha da mágoa e da autopiedade! No final ela vai acabar conosco. Precisamos esquecer "nossa pequenez com sua merecida desgraça, e elevar nossos olhos para a glória, pois somente ela nos reavivará" (George MacDonald).

O pecado pode ter conseqüências com as quais tenhamos que viver, mas o pecado reconhecido e confessado pode somente cooperar para o bem. Na realidade, ele é um meio pelo qual Deus nos molda à Sua imagem.

Pedi ao Senhor que me permitisse crescer
Em fé e amor e toda graça,
Que Sua salvação pudesse melhor conhecer
E buscasse mais honestamente Sua face.

Foi Ele quem me ensinou a orar,
E Ele, em quem confio, as orações respondeu
Mas de tal maneira o fez
Que quase me levou ao desespero.

Salmo 23

Pensei que numa hora favorável
Responderia prontamente ao meu pedido
E pelo poder transformador do Seu amor
Subjulgaria meus pecados e daria descanso.

Em vez disso Ele me fez sentir
Os males ocultos do meu coração
E propôs aos poderes irados do inferno
Atacar minha alma em cada ocasião.

Não, fez mais ainda, com Suas mãos
Parecia disposto a piorar minha desgraça,
Crucificou os belos planos que eu fazia
Me abateu estourando minha cabeça.

"Senhor, para quê isso?" eu chorei, tremendo.
"Vais perseguir este verme até a morte?"
"Este é o modo", o Senhor respondeu
"Respondo orações pela graça e fé".

"Essas provações internas emprego
Libertar-te do pecado e do ego,

> *Crucifico teus planos de alegria mundana*
> *Para encontrares tudo que queres em mim".*

—JOHN NEWTON (HINO—*I asked the Lord that I might grow*)

O amor de Deus em ação . . .

"Deus extrai o bem até mesmo do meu pecado", dizia Santo Agostinho.

O amor de Deus frente ao nosso pecado nos faz ansiar por Sua justiça. Seu amor amacia nossos corações, nos leva ao arrependimento, e nos dá fome de justiça. É o amor e a bondade de Deus que nos levam ao arrependimento.

Brennan Manning expressou isso muito bem:

> Quando estou em comunhão consciente com a realidade do amor selvagem, apaixonado, inexorável, obstinado, insistente e gentil de Deus por mim, então não se trata de eu ter que, ou precisar de, ou ser obrigado a, ou dever mudar para; repentinamente, eu quero mudar porque sei o quão profundamente sou amado. Um dos resultados extraordinários da minha conscientização do impressionante amor de Deus por mim, do jeito que eu sou, é liberdade de não ser aquilo que eu deveria ser, ou aquilo que os outros querem que eu seja.

Posso ser quem realmente sou. E eu sou um amontoado de paradoxos e contradições: eu creio e duvido, confio e perco a coragem, amo e odeio, sinto-me mal por estar me sentindo bem, sinto-me culpado se não me sentir culpado. Aristóteles dizia que somos animais racionais. Eu digo que sou um anjo com uma capacidade incrível de beber cerveja. Deus ama o meu eu real. Não necessito ser outra pessoa. Durante 20 anos tentei ser como a Madre Teresa. Tentei ser Francisco de Assis. Tinha que ser uma cópia de algum grande santo em vez do eu original que Deus quer que eu seja. O maior erro que posso fazer é dizer para Deus "Senhor, se eu mudar, você me amará, não é?". A resposta de Deus é sempre a mesma: "Um momentinho, você entendeu tudo errado. Você não precisa mudar para que Eu o ame; Eu o amo portanto você mudará". Eu simplesmente me exponho ao amor que é tudo e tenho uma confiança imensa, inabalável, despreocupada, de que Deus me ama tanto que vai me mudar e moldar no filho que Ele sempre quis que eu fosse.

"Fé é a coragem de aceitar a aceitação de Deus", diz Paul Tillich. No centro da fé verdadeira há uma profunda convicção de que Deus nos conhece e nos ama do jeito que somos e não como deveríamos ser. Além disso, podemos amar a Deus e obedecer-lhe, porque Ele nos amou primeiro. "O amor de Deus nos constrange", diz Paulo em 2 Coríntios 5:14

Ele me guia nas veredas da justiça . . .

> *Como seria bom que a minha natureza de ovelha vencesse,*
> *portanto haja inocência lanuda!*
> —C. S. LEWIS

"Se eu não tiver a esperança de ser bom algum dia", confidenciou-me um amigo, "se não há escapatória do mal que continuo fazendo, nada poderia me reconciliar com a vida". Eu compartilho deste sentimento.

E Deus também: Ele nos teria

livrado de todo descontentamento, de todo medo, de toda mágoa, de toda amargura nas palavras ou pensamentos, de todo nosso medir e avaliar a nós mesmos com uma medida diferente da que usamos para os outros. Ele faria com que não houvesse escarnecer; não haveria indiferença em nós para com a pessoa que nos presta serviço; não haveria desejo de superar os outros, nem contentamento com as perdas deles. Ele não deixaria que recebêssemos o menor dos favores sem gratidão; não ouviria de nós um tom que fosse áspero para o coração dos outros, nem uma palavra que fizesse doer, por mais passageira que fosse a dor.

—GEORGE MACDONALD

É da vontade de Deus que sejamos santos (1 Tessalonicenses 4:3), razão pela qual Paulo nos assegura que a intenção básica de Deus é nos tornar bons. Ele nos conduz todos os dias no caminho que leva à justiça.

Temos a tendência de pensar na vontade de Deus apenas em termos de aonde iremos e o que faremos quando chegarmos ali, e com certeza Deus tem realmente um plano para cada momento da nossa vida. Mas o direcionamento de Deus está ligado principalmente com a santidade e a Sua determinação de nos mudar até nos tornarmos irreconhecíveis: tornar-nos tão bons quanto Ele o é.

A bondade que vem de Deus

Algumas pessoas se esforçam demais; elas são justas, mas são tensas. Bondade para elas, é um assunto austero e exigente. Elas são castas, honestas, sóbrias, respeitáveis, conhecem a Bíblia, vão à igreja, cantam salmos, mas tudo parece estar em desacordo. Como dizia William James: "A fé delas existe como um 'hábito tedioso'". Elas têm uma aparência de justiça com adoração auto-imposta, humildade óbvia e tratamento duro com o corpo, porém lhes falta o amor cordial que se origina no contato com Deus.

Editais, pronunciamentos, credos, ritos e rituais nunca conseguem nos modificar; também não o conseguem as admoestações para ler mais a Bíblia, orar mais, e freqüentar mais a igreja. A vida é mais do que seriedade. São Francisco de Ávila orava: "Livra-nos, bom Senhor, de tais devoções tolas".

O problema com regras e regulamentos é que eles não possuem um mecanismo que anule as nossas tendências naturais de ir pelo mau caminho. Tudo que eles conseguem fazer é revelar tais tendências e nos dizer: "Você deve!", "Você não deve fazer!", "Você tem que!", "Você não pode!". O resto é por nossa conta.

Obedecer regras exige muita energia. Não podemos jamais perder o controle. Precisamos manter uma distância segura das outras pessoas e resistir à intimidade. Mas ainda que o espírito esteja pronto, a carne é fraca. É inevitável que fiquemos cansados e enjoados de tentar. E depois, não importa o quanto nos esforcemos para suprimir nossos instintos, nos tornamos incapazes de sustentar o esforço. Alguma demonstração emocional desagradável ou alguma outra reação imprópria a um fracasso nos

Salmo 23

relacionamentos acabam revelando nosso disfarce. Nossa face é desmascarada e os outros vêem o que está por trás dela. Temos aquela sensação horrível de sermos descobertos. Os outros descobrem aquilo que já sabíamos o tempo todo: que há muita coisa feia e inaceitável em nós.

O esforço próprio certamente não funciona. Apenas torna as coisas piores. Precisamos levar o pecado a sério e querer abandoná-lo de todo o nosso coração, mas não podemos ficar o tempo todo nos perguntando se estamos pecando, agindo compulsivamente e nos preocupando com os erros. Uma placa na parede da casa de um amigo diz "Hoje eu não direi 'tenho que [...]'".

Que não soframos de rir falsamente de nós mesmos
Ensina-nos a nos importarmos sem nos preocuparmos
Ensina-nos a sentar quietos
Até mesmo entre estas rochas
Nossa paz na Tua vontade {...}
E permita que o meu grito chegue até Ti.
—T. S. ELIOT

Uma tarefa para Deus . . .

A bondade é uma tarefa de Deus. Devemos parar de nos intrometer nas responsabilidades dele e, em vez disto, pedir que nos mude: para aqueles "que estão longe da justiça", Ele diz: "faço *chegar* a minha justiça" (Isaías 46:12-13).

Ser santo requer disciplina, claro, mas esta disciplina não deve ser entendida como sendo uma técnica rigorosa. Seguir a Cristo requer esforço, mas o esforço está em ficar perto dele e escutar a Sua voz. É necessário um sério esforço se quisermos nos focalizar nele e nos tornarmos sensíveis aos Seus desejos.

À medida que chegamos mais perto dele—andando com Ele, conversando com Ele, ouvindo as Suas palavras, dependendo dele, pedindo Sua ajuda—o Seu caráter começa a nos polir. De maneira silenciosa e discreta, Sua influência acalma nossas vontades, tornando-nos sedentos de justiça, predispondo-nos a fazer aquilo que lhe agrada, refreando nossas paixões, mantendo-nos longe do mal, fazendo-nos ter vergonha do mal, dando-nos coragem de escolher aquilo que é bom. No Seu amor sereno, Ele retira tudo que é indigno em nós e gradualmente o transforma em algo valioso para Ele.

A mudança não é passiva; devemos odiar o mal e amar a justiça. Amar a justiça é querer que ela aumente. É uma questão de inclinação e desejo. Não importa aquilo que somos, mas aquilo que *desejamos* ser. Queremos justiça? Queremos fazer melhor? Robert Browning dizia: "quando a luta começa consigo mesmo, o homem tem algum valor".

Paulo coloca o assunto da seguinte maneira: "Quem semeia para a sua carne, da carne colherá destruição; mas quem semeia para o Espírito, do Espírito colherá a vida eterna". E não nos cansemos de fazer o bem, pois no tempo próprio colheremos, se não desanimarmos" (Gálatas 6:8-9). Esta é a lei: cada vez que semearmos para a carne—guardando rancor, nutrindo uma mágoa, mergulhando nos interesses próprios e na auto-piedade—estamos plantando as sementes da auto-destruição. Por outro lado, cada vez que aramos o solo do Espírito—ansiando por agradar o Espírito de Deus e pedindo por sua ajuda—plantamos sementes que durarão pela vida eterna. Cada vez que fazemos a escolha certa, Deus começa a nos transformar em alguém diferente do que éramos antes.

Não conseguimos nos livrar dos nossos pecados, "mas podemos começar a mandá-los embora. Podemos lutar com eles e mandá-los embora. O Senhor está a caminho de fazer a Sua parte no banimento final" (George MacDonald). Deus é a única fonte de mudança autêntica e duradoura. Qualquer conformidade à bondade que nós alcançarmos será fruto da obra dele.

Fruto é a palavra exata, sugerindo, como o fruto o faz, algum elemento escondido, que trabalha silenciosamente para produzir resultados. Jesus disse: "Eu sou a videira; vocês são os ramos. Se alguém permanecer em mim e eu nele, esse dará muito fruto; pois sem mim vocês não podem fazer coisa alguma" (João 15:5). O relacionamento de um ramo com a videira é o relacionamento que precisamos manter com nosso Senhor: precisamos persistir, ou *permanecer*, para usar o termo mais antigo. Precisamos deixar de lado tudo aquilo do qual normalmente dependemos e precisamos nos apegar a Ele—estar fortemente unidos com Ele, mantidos por Sua vida, esperando pelos Seus estímulos que produzirão no tempo certo os frutos de justiça que tanto desejamos.

"Não há virtude verdadeira sem um milagre", disse Santo Agostinho. Deus precisa fazer a Sua mágica em nós. Qualquer progresso que fizermos em direção à justiça é produto da nossa associação com Ele. Precisamos ir constantemente a Ele, levando nossos desejos e altos ideais, e depositá-los a Seus pés. Devemos levar nossas fraquezas, nossa vergonha, nossas compulsões, nossas dúvidas e medos, nossos maus julgamentos, nosso cansaço, e nossa insipidez, pedindo-lhe que nos complete. Ele é o único que pode transformar a visão de tudo aquilo que nunca fomos e torná-la realidade.

Salmo 23

Esperando . . .

A espera é uma parte necessária do processo. Não existem atalhos para a maturidade. Nossas personalidades resistem às mudanças, por serem imperfeitas por natureza, por educação e por nossa própria tolerância. Fomos feridos pelos outros e nos ferimos a nós mesmos, contudo podemos ter certeza que a nossa cura é contínua. Nós estamos em recuperação, gradualmente sendo libertos do mal. Deus está trabalhando neste momento para este fim distante. Estamos nos tornando hoje aquilo que inevitavelmente seremos. Precisamos:

> *Esperar pela modelagem silenciosa de Deus*
> *Esperar pela sua revelação completa*
> *Esperar pelos dias que virão.*
> —FRANCES HAVERGAL

Precisamos crer que os processos de Deus são adequados para lidar com o nosso pecado. A palavra chave é *processo*. É preciso "estar tranqüilos conosco mesmos no processo", como disse um amigo meu. Deus cura aos poucos. Crescemos lentamente de um grau de semelhança para o próximo—centímetro a centímetro, um pouco aqui e outro pouco ali. "E todos nós, que com a face descoberta contemplamos a glória do Senhor, segundo a sua imagem estamos sendo transformados com glória cada vez maior, a qual vem do Senhor, que é o Espírito." (2 Coríntios 3:18). Ganho é ganho, por menor que seja.

Quando Deus desejar nos mudar, nós saberemos; sentiremos aquilo que o filósofo dinamarquês Sören Kierkegaard chamava de "o peso infinito de Deus". O sinal da condenação de Deus nunca é uma culpa leve e solta com um vago senso de que algo está errado. Isto é obra de satanás. Quando Deus fala conosco, há pouco espaço para dúvida ou confusão. Somos inconfundivelmente convencidos do nosso pecado. Quando este convencimento vem, podemos nos voltar para Ele largando o pecado—*arrepender-se*, é a palavra que a Bíblia usa—agradecendo-lhe pelo perdão e pedindo que Ele nos capacite. Então podemos entregar-lhe o processo e seguir em frente.

Seguir em frente é tudo que importa. Deus não procura a perfeição, apenas o progresso. Temos certeza que fracassamos, mas não somos vencidos pelo medo. "Nada nos destruirá, se continuarmos nos levantando todas as vezes. É claro que estaremos sujos e esfarrapados quando chegarmos em casa [...] O fatal é perder as estribeiras e desistir" (C. S. Lewis).

Quanto a mim, se tiver feito algum progresso, não o foi em grandes saltos ou pulos, mas através de tentativas e erros. Foi algo lento, mais observável em retrospecto do que em perspectiva. O caminho foi caótico e aleatório, mas tenho a mesma confiança que Davi: Deus está me levando pelos caminhos da justiça. A cada dia Ele me leva pelo caminho em direção ao lugar que Ele quer que eu esteja.

Tudo que vale a pena leva tempo para ser conseguido, mas o tempo está do nosso lado. Temos o resto das nossas vidas para crescer. Deus é maravilhosamente paciente. Ele nunca desistirá de nós até que Sua obra esteja completa. Ele está transformando você e eu—estamos incompletos—mas um dia, muito próximo, Deus terminará Sua obra. "Amados, agora somos filhos de Deus, e ainda não se manifestou o que havemos de ser, mas sabemos que, quando ele se manifestar, seremos semelhantes a ele, pois o veremos como ele é" (1 João 3:2).

E isso para mim basta.

*Mesmo quando eu andar
por um vale de trevas e morte,
não temerei perigo algum,
pois tu estás comigo;
a tua vara e o teu cajado
me protegem.*

*Em "pastos verdejantes"? Nem sempre; às vezes
Aquele que melhor as coisas sabe, me guia gentilmente
Por caminhos cansativos, onde grandes sombras existem.*
—AUTOR DESCONHECIDO

No meio do prado, o caminho desce vertiginosamente para o vale de trevas e morte. As palavras despertam memórias antigas e mexem com imagens sinistras. Não existe lugar mais familiar ou mais evocativo do que este em todas as Escrituras.

Lembro-me como fiquei impressionado quando era criança, ao ouvir pela primeira vez as palavras "um vale de trevas e morte". Criei na mente um quadro composto por uma paisagem tempestuosa, um abismo se abrindo aos meus pés, precipícios abertos, penhascos íngremes, e um caminho estreito e tortuoso seguindo bordas estreitas, levando inexoravelmente às trevas profundas. Este quadro está gravado fixamente em minha mente.

A expressão "trevas e morte" é uma palavra só em hebraico, e significa "trevas profundas". É uma palavra assustadora, usada em outros lugares da Bíblia para descrever as trevas impenetráveis antes da criação (Amós 5:8), a escuridão espessa de um túnel de mina (Jó 28:3) e o buraco negro que é a morada dos mortos (Jó 10:21;38:17). É uma palavra associada com ansiedade e pavor generalizado.

No seu livro "O Peregrino", John Bunyan capta um pouco do terror desse lugar ao descrevê-lo como "negro como pez", habitado por "fantasmas, lobisomens e dragões do abismo". Um caminho "cheio de laços, redes e obstáculos, bem como abismos, precipícios, covas e barrancos". No meio do vale estava a "boca do inferno".

À medida que o peregrino e seu companheiro entraram no vale, viram que "à direita da estrada, o fosso profundo [...] onde os que ali tombarem, por melhor que sejam não conseguem encontrar pé; nele caiu o rei Davi uma vez, e sem dúvida afogar-se-ia se não o houvesse livrado Aquele que tem poder para isso".

Um vale de trevas e morte é geralmente associado com o fim da vida, mas Bunyan o coloca no meio dela, no lugar onde lhe pertence. Na realidade, não há apenas um vale: há muitos entre as pastagens onde encontramos descanso esporádico. Não há maneira de evitá-los. "É *necessário* que passemos por muitas tribulações para entrarmos no Reino de Deus", insiste Paulo (Atos 14:22). Os lugares desolados são partes inevitáveis e necessárias na jornada.

Os vales relembram o dia em que um patrão disse "você está despedido"; quando um médico disse "o seu bebê nunca será normal"; quando você descobriu o pacote de maconha no armário do seu filho; quando sua filha adolescente lhe contou que estava grávida; quando o médico disse que você tinha câncer; quando o seu cônjuge lhe disse que estava cansado de lutar pelo relacionamento.

Os dias negros são aqueles em que perdemos toda a perspectiva da vida, quando dizemos em desespero: "Não adianta; não consigo continuar".

Os vales são símbolos típicos dos períodos de fracassos prolongados, quando somos envergonhados e quebrantados pelo fardo das trevas em nosso interior; quando experimentamos o isolamento causado pelo desespero; as conseqüências extenuantes da auto-satisfação e do hábito de vícios; quando nos sentimos inalteravelmente violados e nos perguntamos se algum dia recuperaremos nosso senso de valor próprio.

Os vales simbolizam os dias sombrios de profunda solidão quando falamos como Davi "ninguém se preocupa comigo. Não tenho abrigo seguro; ninguém se importa com a minha vida" (Salmo 142:4); quando ninguém nos procura; ninguém pergunta sobre nós; não chegam cartões-postais ou cartas; o telefone não toca; ninguém parece se importar. Até mesmo Deus parece indiferente e longínquo; há uma friagem inexplicável no ar. E clamamos com Davi: "Deus meu, Deus meu, por que me desamparaste? Por que estás afastado de me auxiliar, e das palavras do meu bramido? Deus meu, eu clamo de dia, porém tu não me ouves" (Salmo 22:1-2).

Ah, sim, há vales muito piores que a morte.

Sofrendo no sucesso

Eu costumava pensar que a vida era feita em sua maior parte, de pastos verdejantes com um ocasional vale negro pelo caminho, mas agora eu sei que é o contrário. Há dias de surpreendentes alegrias, mas a maior parte da vida é um vale de lágrimas.

A vida é difícil. Charles Williams diz que "Seja como for, o mundo é muito doloroso; mas é quase insuportável se alguém sugere que devemos apreciá-lo constantemente".

Quando as pessoas dizem que a vida é difícil, eu respondo: "É claro que é". Penso ser a resposta mais satisfatória que qualquer outra coisa que eu possa dizer. Cada ano que passa acredito mais e mais que a vida é realmente muito difícil e exigente. Qualquer outra visão da vida é fantasiosa.

O caminho pelo qual Deus nos leva freqüentemente, parece distanciar-nos do nosso bem, levando-nos a crer que perdemos alguma saída lateral e entramos na rua errada. Isto acontece porque a maioria de nós fomos ensinados a crer que, se estivermos no caminho certo, a bondade de Deus sempre se traduzirá em alegrias aqui na terra: que Ele irá nos curar; libertar, nos isentar das doenças e da dor; teremos dinheiro no banco; filhos que se sairão bem; roupas boas; vida agradável e uma aposentadoria tranqüila. Nesta versão da vida, todos são vencedores, ninguém perde um negócio, nem fracassa no casamento, nem vive na pobreza.

Mas isso são 'castelos no ar', distantes da visão bíblica de que o amor de Deus freqüentemente nos leva por estradas onde nos falta o conforto, para que Ele possa ser o nosso consolo eterno (2 Tessalonicenses 2:16). "O sofrimento amadurece nossas almas", diz Alexandre Solzhenitzyn.

Deus permite as adversidades durante a jornada; Ele deixa que a vida nos empurre aos solavancos. Deveríamos ter isto em mente quando o caminho parece difícil e longo. Como dizia F. B. Meyer, se nos foi dito que a estrada esburacada era o lugar certo para estar, cada solavanco do caminho simplesmente confirma o fato de estarmos na estrada certa.

Quando chegarmos ao fim de todos os vales, entenderemos que cada caminho foi selecionado, entre todas as opções possíveis, para o nosso bem. Deus, na realidade, não poderia nos ter levado por nenhum outro caminho. Nenhuma outra estrada teria sido tão segura e tão infalível quanto aquela pela qual viemos. E se pudéssemos ver o caminho assim como Deus sempre o viu, nós também o teríamos escolhido.

Ele escolheu este caminho para mim,
Ainda que soubesse que os espinhos perfurariam meus pés,
Sabia que os arbustos espinhosos obstruiriam o caminho,
Conhecia os perigos ocultos que eu encontraria,
Sabia que minha fé, dia após dia, vacilaria,
E ainda assim a minha voz ecoa: "Sim, eu vejo
Que este caminho é o melhor p'ra mim".

Ele escolheu este caminho p'ra mim;
Por que preciso mais: desta verdade maior saber,
Que ao longo dessas desnorteantes e estranhas estradas

Por escarpas rochosas onde fluem negros rios,
Seu braço poderoso me susterá todos os dias.
Mais alguns passos e verei
Que este caminho é o melhor p'ra mim.
—J. R. MILLER

Tu estás comigo . . .

Quando o peregrino de Bunyan se precipitou no vale, ouviu a voz de um homem indo à sua frente, dizendo: "Ainda que eu ande por um vale de trevas e morte, não temerei perigo algum, pois *tu* estás comigo". Ele deduziu que havia outros no vale, e que Deus estava com eles. "Por que não está comigo?" concluiu ele "devido ao obstáculo que habita este lugar, eu não consigo percebê-lo".

Essa foi a conclusão de Davi: "Mesmo quando eu andar por um vale de trevas e morte, não temerei perigo algum, *porque tu estás comigo;* a tua vara e teu cajado me protegem". O Pastor dele estava ao seu lado, armado até os dentes, afastando seus inimigos e impedindo que ele se afastasse da trilha. Deus estava com ele no meio dos seus medos.

Neste ponto, a gramática do poema muda significativamente. Davi pára de falar em Deus na terceira pessoa—Ele—e passa a usar a segunda pessoa—Tu. Ele vinha falando *sobre* Deus; no vale ele faz uma volta e fala *para* Ele. Este é um pequeno detalhe no texto, mas faz uma grande diferença em nossos corações saber que Deus está conosco no vale. Sua presença confortava Davi.

As palavras de Deus para Moisés são verdadeiras para todas as épocas: "Eu mesmo irei contigo, e te darei descanso" (Êxodo 33:14). A Jacó Ele disse: "Eis que estou contigo, e te guardarei por onde quer que fores" (Gênesis 28:15). E a Josué: "Como fui com Moisés, *assim serei contigo;* não te deixarei, nem te desampararei". (Josué 1:5). Ele disse a Israel: "Não temas, porque *eu sou contigo;* não te assombres, porque eu sou teu Deus; eu te fortaleço, e te ajudo, e te sustento com a destra da minha justiça [...] Quando passares pelas águas, *eu serei contigo;* quando pelos rios, eles não te submergirão; quando passares pelo fogo, não te queimarás, nem a chama arderá em ti" (Isaías 41:10; 43:2). E para nós, diz: "E eis que *eu estou convosco* todos os dias, até a consumação dos séculos" (Mateus 28:20).

Deus está conosco, andando incógnito em todos os lugares, como disse C. S. Lewis. "E o incógnito nem sempre é difícil de enxergar. O verdadeiro trabalho é lembrar, participar—na realidade, despertar. E mais ainda: permanecer desperto". O mais importante é fazer-nos pensar em Sua presença; reconhecer que Ele está conosco, tão real como se fossem nos dias de Sua presença, quando andava com Seus discípulos em meio a tristezas e perseguições deste mundo.

Os amigos falham, os cônjuges nos abandonam, os pais nos desapontam, os terapeutas se recusam a retornar nossas chamadas telefônicas, mas Deus está conosco a cada momento de cada dia. Quando atravessamos as águas profundas, quando passamos pelo fogo, quando caminhamos por um vale de trevas e morte, Ele está lá conosco.

As dificuldades e as lidas penosas nos fazem pensar que somos seres totalmente sós, mas Ele disse: "Nunca os deixarei nem os abandonarei". Ele é o único sobre o qual se pode dizer: Ele jamais dirá adeus.

Ao meu redor, acima, cada vez mais
A gentil presença de Deus se estende,
Ele compartilha os meus silêncios,
Ele preenche minhas solitudes.

Sua face e forma não posso ver,
Nem palavras posso ouvir,
Mas com a alma posso sentir melhor
Sua presença.

Salmo 23

> *Estas alegrias não são muito boas pra durar?*
> *Ele não pode logo se afastar?*
> *"Não, estou com você todos os dias"*
> *Ele responde ao meu coração.*
> —AUTOR DESCONHECIDO

Vendo o que não pode ser visto . . .

Richard Foster diz "Deus se torna uma realidade quando se torna uma necessidade". Os vales escuros tornam Deus mais real para nós do que era antes. Quantas vezes já escutei, daqueles que passaram por sofrimentos intensos, que a experiência da sua dor os curou das idolatrias que antes lhes roubavam a alegria. O pai que nos abandona, o cônjuge que nos deixa, a catástrofe financeira que nos arruína, a interrupção abrupta dos nossos planos, a revelação de uma doença horrível, a demora prolongada e dolorosa—tudo faz aumentar nosso amor por Deus. Todas elas são as Suas maneiras de manter nossos dedos longe das coisas que são falsas e que não nos satisfarão. Elas nos afastam dos amores menores e aumentam nossa intimidade com nosso Pastor, o que nos traz paz e alegrias inimagináveis.

"As pessoas vêem a verdade mais claramente quando estão infelizes", da Sibéria escreveu Fyodor Dostoievsky. Depois continuou:

> E, no entanto, Deus me dá momentos de perfeita paz; em tais momentos eu amo e creio que sou amado; em tais momentos eu formulo meu credo, no qual tudo é claro e santo para mim. Este credo é extremamente simples: ei-lo. Creio que não existe nada mais amável, profundo, simpático, racional, masculino e mais perfeito do que o Salvador: digo a mim mesmo com amor ciumento; de que não apenas não existe ninguém como Ele, mas, que não poderia haver ninguém mais.

Somos propensos a nos concentrar no vale e sua dor, mas Deus escolhe olhar para a frente e antecipar o seu efeito. Ele lida com nossos corações partidos pelo desapontamento, tristeza, e lágrimas, desacostumando-nos dos outros amores e paixões, e centralizando-nos em Si. Aprendemos a confiar nele na escuridão, quando tudo que resta é o som da Sua voz e o conhecimento de que Ele está por perto; quando tudo que conseguimos fazer é colocar nossas mãos nas dele e sentir "o familiar aperto das coisas divinas". São os momentos que nos afastam da sensualidade—esta tendência de viver pelos sentimentos em vez de viver pela fé na presença invisível de Deus. Nos tornamos independentes dos lugares e dos humores e nos contentamos apenas com Deus.

Os dias sombrios nos motivam a ter um relacionamento muito especial com nosso Senhor. Como Jó dizia: "Com os ouvidos ouvira falar de ti; mas agora te vêem os meus olhos" (Jó 42:5). Há vislumbres de Deus que só podem ser revelados quando cessa a alegria desta terra.

O mais perfeito amor humano não consegue nos satisfazer. Por esta razão nossos corações anseiam por um relacionamento mais profundo e mais duradouro entre tudo que é possível neste mundo. Fomos feitos para o amor de Deus e sem ele submergimos na solidão. A escuridão, a quebra dos laços humanos, as limitações e perdas do afeto humano, conduzem àquela amizade maior, àquele amor maior e mais permanente.

O braço forte de Deus
Se estende aos brigões egoístas, teimosos, brutos;
Atura os que se enganam; ignora o rude;
Refreia-se com o assassino; ao incesto reprime
—E enquanto o meu braço os varreria todos ao inferno,
Ele os aproxima do Seu coração.

> *O braço forte de Deus*
> *Em amor aplica a vara, usa o chicote;*
> *Danifica um rosto; na beleza faz um corte;*
> *Nega ao faminto; fere o seio da mulher.*
> *E enquanto eu levanto meu punho, suplico, protesto,*
> *Ele me aproxima ao Seu coração.*
> —RUTH BELL GRAHAM

O próprio Davi entendeu a adversidade que nos aproxima do coração de Deus. Ele foi profundamente ferido quando foi negligenciado pela sua mãe e pai, e humilhado pelo resto da família. Ele estava profundamente marcado. Sua família o teria arruinado se ele não tivesse fugido para o seu pai celeste em busca de refúgio. Em sua solidão e com o coração ferido, Davi escreveu: "Ainda que me abandonem pai e mãe, o Senhor me acolherá" (Salmo 27:10).

> *E depois a obra continua {…}*
> *Fruto tardio da raça de Jessé,*
> *O assombro ilumina tua face tímida,*
> *Enquanto o óleo ungido do profeta,*
> *Te sela para uma vida árdua.*
> *Coração doendo, cuidados angustiados, agonia*
> *Esperança perdida, e solidão;*

Salmo 23

Amigos feriam e inimigos presenteavam,
Fé entontecida, e culpa, e desgraça;
Alvos mais altos corrompidos pela terra,
Vislumbres de sabedoria cheia de pecado;
O humor tirânico do poder saciado,
Conselhos compartilhados por homens de sangue;
Triste sucesso, lágrimas paternas,
E um triste presente dos anos.
—AUTOR DESCONHECIDO

Davi foi golpeado e ferido durante toda sua vida, cada golpe o transformando, expondo sua ambivalência, até, finalmente, gritar: "Sei que sou pecador desde que nasci, sim, desde que me concebeu minha mãe [...] Cria em mim um coração puro, ó Deus, e renova dentro de mim um espírito estável" (Salmo 51:5,10).

O trabalho de Deus nunca termina: "É sempre assim—a vara, as chicotadas, o castigo severo; mas no meio de tudo, o amor de Deus trazendo Seu propósito redentor, nunca apressando, nunca descansando, nunca esquecendo, mas fazendo com que todas as coisas cooperem até que o mal seja eliminado e a alma purificada" (F. B. Meyer).

Então Davi clamou: "A minha alma descansa *somente* em Deus" (Salmo 62:1). Foi através da escuridão, do sofrimento e da dor que todas as paixões de Davi foram integradas em uma só.

E assim, tudo na vida é consumado no amor a Deus. É para isto que fomos feitos; é ali que está a derradeira satisfação. Se isto é verdade—e eu assim o creio—então apesar de ser freqüentemente difícil de fazer, deveríamos dar boas vindas a qualquer vale que nos leve a Ele.

Haverá um fim . . .

Mais uma coisa: nenhum vale dura para sempre. Nós andamos *através* do vale de trevas e morte. Deus sabe o quanto podemos absorver. Ele não permitirá que sejamos tentados ou testados além daquilo que podemos suportar (1 Coríntios 10:13). O livramento que buscamos pode demorar, mas jamais devemos duvidar de que o nosso dia do livramento chegará. "o choro pode persistir uma noite, mas de manhã irrompe a alegria" (Salmo 30:5). Há um tempo para a dor, mas Deus vai mitigar as lágrimas quando elas cumprirem seu papel. Os que choram serão confortados. Haverá um fim.

Preparas um banquete para mim
à vista dos meus inimigos.
Tu me honras, ungindo
a minha cabeça com óleo e fazendo
transbordar o meu cálice.

Shh! E que tal se este amigo é—Deus!
—Elizabeth Barrett Browning

Alguns afirmam que Davi deixou a figura do pastor nesse ponto e mudou para outra metáfora, mas eu não vejo a necessidade de cortar o poema em dois pedaços. A cena ainda é pastoral: os primeiros quatro versículos retratam o pastor com suas ovelhas no pasto; os últimos dois versículos o colocam na sua tenda, a qual serve de santuário, servindo como hospedeiro cortês, oferecendo uma refeição generosa, extasiando seus visitantes com sua hospitalidade.

A tenda dos antigos pastores era um lugar seguro, onde "cada andarilho, independente do seu caráter ou seu passado, era recebido como 'hóspede de Deus'—linda expressão ainda utilizada—recebia alimentos, era protegido, sendo o seu hospedeiro responsável por sua segurança" (George Adam Smith).

Foi esse costume que Davi lembrou ao compor esse verso.

Nós somos hóspedes de Deus! Ele nos assenta à Sua mesa; Ele dá as boas-vindas a todos que chegam. Ele sabe como somos. Somos companhias desinteressantes, irritantes, e sem atrativos, mas não há censura ou condescendência, apenas reconhecimento e provisão eterna. Ele nos recebe calorosamente e nos submerge na abundância do Seu amor.

O Amor me deu as boas-vindas; mas a minh´alma se retraiu
Do pó e pecado culpado.
Mas o olho atento do Amor, vendo que me evadia,
Logo após ter entrado,
Aproximou-se de mim e perguntou suavemente
Se algo me faltava.
"Um hóspede", respondi, "digno de estar aqui".
E o Amor respondeu: "Você o será".
"Eu, o humano, o ingrato? Ah, meu caro,
Sequer consigo olhar para ti".
O Amor segurou minha mão e, sorrindo, respondeu,
"Quem fez os olhos, senão eu?"

> *"É verdade, Senhor, mas eu os danifiquei:*
> *deixei minha vergonha*
> *Ir aos lugares que merece".*
> *"E você não sabe," disse o Amor "quem levou a culpa?"*
> *"Meu caro, então serei eu a servir".*
> *"Você deve sentar-se", disse o Amor, "e experimentar meu jantar".*
> *Portanto sentei-me e comi.*
>
> —GEORGE HERBERT

Faz parte da natureza de Deus humilhar-se e servir. Lembre-se da ocasião na qual Jesus reuniu os Seus discípulos no andar superior.

> *Um pouco antes da festa da Páscoa,*
> *sabendo Jesus que havia chegado o tempo*
> *em que deixaria este mundo e iria para o Pai,*
> *tendo amado os seus que estavam no mundo, amou-os até o fim {...}*
> *assim, levantou-se da mesa, tirou sua capa*
> *e colocou uma toalha em volta da cintura.*
> *Depois disso, derramou água numa bacia*
> *e começou a lavar os pés dos seus discípulos,*
> *enxugando-os com a toalha que estava em sua cintura.*
>
> —JOÃO 13:1, 4-5

Salmo 23

A lavagem dos pés era um ato essencial de hospitalidade naqueles dias. Normalmente eram os servos que faziam tal tarefa inconveniente, porém não havia servos no grupo apostólico e ninguém se oferecera para a tarefa. Portanto, nosso Senhor assumiu a responsabilidade. Cingindo-se como um servo faria, Ele se abaixou e lavou os pés dos Seus discípulos, um a um.

Nunca pensamos muito sobre a humildade de Deus. Os teólogos destacam Seus outros atributos, mas raramente o fazem com esta virtude. Imagine só: o Deus do universo, encarnado, vestido como um servo, cingido com uma toalha, de joelhos, e com as mãos lavando pés sujos e mal-cheirosos, abaixando-se resolutamente em submissão e serviço aos necessitados—até mesmo a Judas, que logo iria traí-lo. Que modéstia incrível!

Houve também aquela ocasião em que nosso Senhor alimentou Seus discípulos às margens do Mar da Galiléia. Eles tinham pescado a noite inteira, mas não haviam pego nada. Estavam cansados, desanimados e tristes. "Quando desembarcaram, viram ali uma fogueira, peixe sobre brasas, e um pouco de pão". Jesus os convidou para tomarem o café da manhã: "Venham comer" (João 21:9, 12).

João conta que os discípulos *sabiam* que era o Senhor. Eles o reconheceram pela propensão a servir aos outros, sempre presente, sempre disposto a servir. Ele não veio para ser ministrado, mas para ministrar—a nós.

De alguém assim nos aproximamos. Ele tem prazer em servir. Suas doações suprem o alimento que nossos espíritos anseiam. À Sua mesa há "o vinho, que alegra o coração do homem; o azeite, que lhe faz brilhar o rosto e o pão que sustenta o seu vigor" (Salmo 104:15). Ele nos dá uma medida cheia, prensada e saindo pelas bordas. A Sua graça é mais do que suficiente; Sua bondade transborda, nós temos tudo em abundância!

"Ungindo a minha cabeça com óleo", diz Davi. Ungir a cabeça com óleo era um sinal de estima nos tempos antigos. O amor era manifestado pelo alto preço dos óleos. Mirra, aloé, canela e outras fragrâncias exóticas eram misturadas em medidas exatas e seladas permanentemente em vasos de alabastro. Quando chegava a hora de ungir os hóspedes de alguém, as garrafas eram quebradas no gargalo e o óleo era derramado abundantemente sobre as cabeças dos hóspedes até que caísse pelas roupas da pessoa, deixando uma fragrância no ar. Era chamado de "óleo de alegria" (Salmo 45:7).

"E fazendo transbordar o meu cálice" continua Davi. Ele vê Deus pairando sobre ele, esperando por um momento de mínima necessidade, enchendo e repondo vinho em seu cálice. Davi

Salmo 23

já tem mais do que o necessário. "A abundância e redundância eram dele", como dizia um velho santo.

Será que Davi não quer que entendamos que a vida é uma festa, na qual somos hóspedes e Deus é o hospedeiro? E será que também não quer ensinar que Deus nos saúda com amor e boas-vindas?

Ele não se mostra avarento nem sovina,
mas contente em nos ver contentes e nos fazer feliz;
concedendo-nos luxos e também as necessidades;
e tirando as dores com um grande custo para Si mesmo,
para nos mostrar que Lhe agrada em nos aceitar
e nos mostrar graça no Amado.

—F. B. MEYER

A mesa de Deus é uma metáfora para a sua provisão permanente e generosa. "Poderá Deus preparar uma mesa no deserto?" perguntamos (Salmo 78:19). Ele consegue atender nossas necessidades no meio das nossas privações? Pode apostar que sim! Deus é capaz de suprir *todas* as nossas necessidades; Ele atende tanto as nossas urgências quanto nossas necessidades essenciais.

Deus quer dar. "Peça e receberá", disse Jesus. Esta é a simplicidade absoluta da fé. Para todo desejo nosso Ele dá tudo de si. Tudo que Ele é, é nosso. Quando entendemos a plenitude do Seu coração e Seu desejo de dar, podemos pedir qualquer coisa. Esta visão de Deus "torna a vida uma oração contínua", disse o Bispo Walcott.

É preciso entender que os recursos de Deus são concedidos não como demonstrações de poder, nem como ambição egoísta. Deus tem algo maior em mente para nós: a maior parte das suas doações são para nos tornar bons.

Jesus expressou-se assim: "Eu sou a videira; vocês são os ramos. Se alguém permanecer em mim e eu nele, esse dará muito fruto; pois sem mim vocês não podem fazer coisa alguma [...] *Se vocês permanecerem em mim, e as minhas palavras permanecerem em vocês, pedirão o que quiserem, e lhes será concedido.* Meu Pai é glorificado pelo fato de vocês darem muito fruto; e assim serão meus discípulos" (João 15:5, 7-8). Sua promessa inequívoca, "Pedirão o que quiserem, e lhes será concedido", está condicionada pelo contexto e controlada pelo conceito de fruto. O "fruto" é o fruto do Espírito: "amor, alegria, paz, paciência, amabilidade, bondade, fidelidade, mansidão e domínio próprio" (Gálatas 5:22,23).

Podemos pedir qualquer coisa que envolva adquirir as características de Deus. Quando pedimos pelo Seu caráter, Ele começa a dá-lo, trabalhando por meio do tempo e das circunstâncias para nos amoldar mais intimamente com Sua vontade. É com esta finalidade que Ele usa o Seu poder. Quando chegamos ao fim dos nossos recursos, quando esgotamos tudo que é essencial—é aí que Deus vem e faz.

"Deus ajuda quem ajuda a si mesmo" é, supostamente, sabedoria antiga, porém é algo que você jamais escutaria Deus dizer. Soa mais como um bom conselho de satanás. Deus insiste que os céus ajudam aqueles que não têm quem lhes ajude. De acordo com o profeta, o rei Uzias de Judá foi "extraordinariamente ajudado, e assim tornou-se muito poderoso" (2 Crônicas 26:15). A força de Uzias foi o seu fracasso, amarrou as mãos de Deus. Quando o rei se tornou muito poderoso, Deus não mais podia ajudá-lo.

Como diz o personagem Popeye "e eu sou o que eu sou". Pela graça de Deus, somos o que somos, e aquilo que somos é inadequado. A inadequação é um fato da vida, uma dura verdade que torna a vida muito mais fácil quando a aceitamos. "Somos todos pessoas comuns", diz G. K. Chesterton, "e são as pessoas incomuns que sabem disso".

O nosso problema é que somos demasiadamente bem equipados e demasiadamente adeptos daquilo que fazemos. Acreditamos demais em nós mesmos—na nossa experiência, nossa educação, nossa aparência, nosso humor, nossa personalidade. Mas a natureza do nosso ser é inútil. "A carne [o esforço humano] não produz nada que se aproveite" (João 6:63).

"Bem-aventurados os pobres", disse Jesus. E ao falar em *pobres* ele queria dizer "aqueles abatidos pela pobreza", uma palavra comumente usada nos Evangelhos para os mendigos maltrapilhos sentados nas ruas e extremamente necessitados, estendendo a mão, pedindo ajuda aos outros. Estas são as pessoas que atraem o olhar de Deus. "A este eu estimo: ao humilde e contrito de espírito, que treme diante da minha palavra" (Isaías 66:2).

A limitação humana é um fato da vida. É tolice acreditar que somos fortes. Não é preciso muito para nos derrubar: um minúsculo vírus pode nos devastar fisicamente, um cálculo malfeito pode nos arruinar financeiramente, uma pequena escorregadela pode acabar socialmente conosco. A vida não pode ser controlada e refreada simplesmente, há muitas possibilidades. Nós não temos o controle de tudo.

No artigo intitulado "A Arte de Ser o Figurão", Howard Butt disse o seguinte:

É o meu orgulho que me faz acreditar que sou eu quem decide. Este sentimento é a minha desonestidade básica. Não consigo fazer sozinho. Não consigo depender de mim mesmo. Sou dependente de Deus até para meu próximo ato de inspirar. Ao fingir que não sou um indivíduo pequeno, fraco, limitado, estou sendo desonesto. Portanto, viver independente de Deus é enganar a si mesmo. Não se trata apenas do orgulho ser uma pequena e infeliz característica, e a humildade uma pequena e atrativa virtude. É a minha integridade psicológica interior que está em jogo. Quando dependo de mim mesmo, estou mentindo para mim sobre aquilo que eu sou. Estou fingindo ser Deus e não homem. A minha independência é a adoração idólatra a mim mesmo, a religião oficial do inferno.

Certa vez, algumas pessoas perguntaram a Jesus quais as boas obras que Deus exigia. A resposta de Jesus os apanhou completamente de surpresa: "A obra de Deus é está: *crer* naquele que ele enviou" (João 6:28-29). É muita audácia pensar que meros seres humanos possam fazer o trabalho de Deus. Se há algo que deve ser feito, é Ele quem deve fazer.

Qualquer coisa que tenhamos que fazer—sufocar o menor pensamento de ira e maldade ou egoísmo em nossas almas, desistir das nossas horas de descanso tão duramente conquistadas para servir alguém em necessidade, demonstrar compaixão silenciosa e despercebida pelos outros—precisa ser feito por fé. Aqueles que fazem as obras de Deus são aqueles que estão cientes de sua incapacidade e total inadequação, e dependem dele para receberem a Sua força.

Somos frágeis e fracos—"caniços pensantes", dizia Pascal. Facilmente esmagados e feridos. O mundo nos vence. Nós cansamos; ficamos exaustos e desgastados. As tragédias e ambigüidades da vida sabotam nossas forças e nos põem de joelhos. "Até os jovens se cansam e ficam exaustos, e os moços tropeçam e caem" (Isaías 40:30). Somos seres limitados e dependentes, mas nisto há poder. Quando somos fracos, diz Paulo, então somos fortes (2 Coríntios 12:10).

Esmagado!—fui enchido de paciência,
Ferido!—fui irradiado com amor
Cansado!—fui elevado,
Ao alto, para uma infinita vida de amor.

Fraco!—cresci com grandeza,
Frágil!—levantei-me com força,
Vacilante!—fui em majestade erguido,
Elevado finalmente em calma paz.

Esta é a natureza humana,
Opostos sempre combinados,

Salmo 23

> *Do corpo, alma e espírito,*
> *Limitado-indefinido.*
> —OSWALD CHAMBERS

Isaías insiste que aqueles que esperam no Senhor trocarão a sua força pela de Deus. "Mas aqueles que esperam no S ENHOR renovam as suas forças. Voam alto como águias; correm e não ficam exaustos, andam e não se cansam" (Isaías 40:31).

Nossos limites são ilimitados, mas Ele não tem limites. Nenhuma exigência é muito difícil, nenhum dilema muito trabalhoso, nenhuma complicação demasiado complexa. Ele nunca se desgasta, fica exausto ou cansado. Quando reconhecemos nossos limites e pedimos por Sua ajuda, Ele substitui a nossa "força" pela dele.

Alguns dias nós superamos as águias e vamos além das nossas circunstâncias, livres e desimpedidos; voamos alto e vemos as coisas sob o ponto de vista de Deus. (Aproveite esses momentos!)

Há outros dias em que, como a Rainha de Copas disse para Alice no "País das Maravilhas", "É preciso correr ao máximo para ficar no mesmo lugar," ou, nas palavras de uma placa que ficava pendurada acima da escrivaninha de minha mãe: "Quanto mais apressado você vai, mais atrasado fica". Esses são os dias em que podemos manter o passo com equilíbrio e persistência, sustentados pela força inexaurível de Deus.

Existem também aqueles dias comuns, quando a escrivaninha está empilhada de tarefas monótonas, ou a pia cheia de pratos, e a rotina é enfadonha e insípida. Naqueles dias, conforme nos relembra Ruth Bell Graham, há apenas "um nada, inércia, céu cinza e sem vento, sem sol, sem chuva, sem uma pontada de dor, sem fortes remorsos, sem algo que estejamos buscando, sem lágrimas, sem riso, sem negro desespero, sem felicidade".

Deus nos liberta através de tudo isso. Podemos continuar em frente quando a novidade acabou, quando a glória esmaeceu, quando a força da juventude se foi—isto é a força de Deus.

A força ininterrupta e ilimitada de Deus trocada pelo mero esforço humano? A grandeza de Deus fluindo através da nossa incompetência básica? Isto é graça!

Quando exaurimos nossas reservas de temperança,
Quando as nossas forças terminam antes da metade do dia
Quando chegamos ao fim de nossas reservas acumuladas,
Apenas começamos a nos encher das bênçãos de Deus.
Seu amor não tem limite,
sua graça não tem medida
Seu poder não tem fronteira conhecida pelo homem;

Salmo 23

*Pois das infinitas riquezas em Jesus,
Ele deu, deu, e deu mais ainda.*
—ANNIE JOHNSON FLINT

Há algo agradável e maravilhosamente convincente nas pessoas que Deus está tornando fortes. Com elas é mais fácil conviver, mais fácil de trabalhar e viver, são gentis e cordiais. A bondade delas é como um vinho velho: suave e perfumado. Elas têm um efeito profundo e desconcertante sobre os outros. Os atos delas lembram as pessoas constantemente de [...] bem, de Deus.

Esse tipo de influência não pode ser planejado ou inventado. Não se trata da força feminina ou do machismo masculino; não é uma função da auto-afirmação, do intelecto, carisma, charme ou audácia. Ela *acontece*—é fruto da nossa associação com Deus.

A influência autoconsciente é pretensiosa e afasta as pessoas. Ela se parece com aquilo que é: justiça *própria*, e incomoda demais os outros. Quando tentamos influenciar, nos tornamos agressivos e intrometidos. Assediamos as pessoas e as empurramos para longe da verdade. (Ao fazermos isto, só temos um aliado: satanás). Mas aqueles a quem Deus está transformando são poderosamente persuasivos. Sua fragrância é como um perfume sutil. Em qualquer lugar que forem, deixam o aroma inesquecível do seu Senhor (2 Coríntios 2:14-17).

Deus jamais desiste da tarefa. Seu trabalho de nutrir-nos e fortalecer-nos continua por toda nossa vida. Paulo escreveu: "Por isso não desanimamos. Embora exteriormente estejamos a desgastar-nos, interiormente estamos sendo renovados dia após dia" (2 Coríntios 4:16).

À medida que a idade enfraquece nossas forças e energias naturais, ficamos mais inclinados do que antes, a depender da provisão de Deus. Temos mais tempo para contemplação e oração. Sua presença está nos influenciando sempre. Refletimos mais a Sua bondade. O conhecimento e zelo da juventude, temperado pela adoração e consciência da presença de Deus, tornam-se sabedoria que apenas o tempo pode produzir. Aquilo que certa vez fazíamos com a força da juventude, agora podemos fazer com maior sensibilidade e corações mais humildes. A sabedoria suaviza nossos rostos.

Então a nossa influência tem um poder peculiar. O caráter testado e a experiência amadurecida têm uma vitalidade e visão espirituais que uma idade mais ativa não consegue ter. Aqueles que estão no início da vida adquirem conhecimento, mas aqueles que se aproximam do final adquirem suave sabedoria. Isto tem a ver com o caráter; com a habilidade de lidar com as pessoas; maneiras mais gentis e suaves de conseguir que as coisas sejam feitas. Esta sabedoria é "antes de tudo pura; depois, pacífica, amável, compreensiva, cheia de misericórdia e de bons frutos, imparcial e sincera" (Tiago 3:17).

Salmo 23

Em todas as outras áreas da vida nós crescemos até um teto, mas não há limites para crescer na graça. Ninguém nunca superou a disposição de Deus em dar. Conforme os dias, assim serão nossas forças.

Dá-me forças para o meu dia, Senhor
Para que, onde quer que eu vá,
Não haja perigo que me amedronte
Nem inimigo que eu tema;
Assim nenhuma tarefa me vencerá
Nenhuma provação me afligirá
Assim caminharei descansado
Pelo caminho onde meus pés estiverem;
Assim não encontrarei peso
Maior que possa carregar,
Assim terei coragem
E na mesma proporção o meu cuidado
Assim nenhuma dor me subjugará,
Assim nenhuma onda inundar-me-á;
Dá-me a tua força para o meu dia, Senhor
Cobrindo assim a minha fraqueza.

—ANNIE JOHNSON FLINT

Sei que a bondade e a fidelidade me acompanharão todos os dias da minha vida, e voltarei à casa do Senhor enquanto eu viver.

> *Desconcertado satanás permaneceu em pé*
> *e sentiu quão terrível é a bondade.*
> —JOHN MILTON

"Sei que a bondade e a fidelidade me acompanharão todos os dias da minha vida", declara Davi. "Sei" denota um fato tão indubitável quanto confortador. Bom demais para ser verdade? Não, Deus é bom demais para não ser verdade.

Ele é *bom*—tão bom quanto somos capazes de imaginar que Ele é—a única pessoa boa no mundo. Como disse Jesus em caráter definitivo: "Não há *ninguém* que seja bom—exceto Deus" (Lucas 18:19).

Ele é *amor*—tão amoroso quanto necessitamos que seja. Tudo está relacionado ao amor—ou à falta dele, como dizem aqueles que tudo simplificam. É um fato simplesmente humano: de que não podemos sobreviver muito tempo sem ternura, sem cuidado e alguém que esteja disposto a nos aceitar como somos.

Os salmos estão cheios de declarações positivas sobre o amor de Deus por nós: "Confio em teu *amor*" (Salmo 13:5), escreve Davi. "Exultarei com grande alegria por teu *amor*" (Salmo 31:7). "Tu és bondoso e perdoador, Senhor, rico em graça para com todos os que te invocam" (Salmo 86:5). "Pois o Senhor é bom e seu *amor* leal é eterno" (Salmo 100:5). "Dêem graças ao Senhor porque ele é bom; o seu *amor* dura para sempre" (Salmo 106–2 vezes). "Dêem graças ao Senhor porque ele é bom; o seu amor dura para sempre" (Salmo 118–5 vezes). "Dêem graças ao Senhor porque ele é bom; o seu amor dura para sempre" (Salmo 136–26 vezes).

A palavra que Davi usa para a terna afeição de Deus é um termo usado no mundo antigo e significava o amor que flui de emoções profundas, em vez de sentimento de dever. É um amor bondoso e suave. Aquela palavra estranha e antiga—misericórdia—ainda pode ser a melhor de todas as traduções.

É como Deus pensa de Si mesmo: "Senhor, Senhor, Deus compassivo e misericordioso, paciente, cheio de amor e de fidelidade" (Êxodo 34:6). Davi guardou essa revelação em seu coração, mencionando por duas vezes as palavras exatas de Deus: "Mas tu, Senhor, és Deus *compassivo* e misericordioso, muito paciente, rico em amor e em fidelidade" (Salmo 86:15 veja 103:8)

Davi ligou freqüentemente a bondade de Deus com Sua misericórdia. Em sua mente estes componentes eram inseparáveis do cuidado bondoso de Deus. Aqui, em seu poema do pastor, ele personifica estes dois atributos como se fossem o próprio Deus. Nestas ternas manifestações Ele nos segue como uma sombra, cuidando de nós, assegurando-nos que não importa o que aconteça hoje, amanhã ou no dia seguinte—nada nos separará da bondade e do amor de Deus.

"Quem nos separará do amor de Cristo?", diz Paulo.

Será tribulação, ou angústia, ou perseguição, ou fome,
ou nudez, ou perigo, ou espada? Como está escrito:
"Por amor de ti enfrentamos a morte todos os dias;
somos considerados como ovelhas destinadas ao matadouro".
Mas, em todas estas coisas somos mais que vencedores,
por meio daquele que nos amou. Pois estou convencido de que
nem morte nem vida, nem anjos nem demônios, nem o presente
nem o futuro, nem quaisquer poderes, nem altura nem profundidade,
nem qualquer outra coisa na criação será capaz de nos separar
do amor de Deus que está em Cristo Jesus, nosso Senhor.
—ROMANOS 8:35-39

Salmo 23

Posso cair de rosto no chão; posso fracassar até que me sinta velha, derrotada e esgotada. Contudo, a Tua bondade e amor são imutáveis.
Toda a canção pode sair da minha vida,
meu mundo particular pode virar pó.
Mesmo assim, tu me seguras na palma da tua mão firme.
Nenhuma virada nos assuntos da minha vida dilacerada pode te desconcertar. Satanás, com toda a sua jactância,
não consegue distrair-te. Nada consegue me separar do teu imensurável amor—a dor não consegue, nem os desapontamentos, nem a angústia.
O ontem, hoje e amanhã também não conseguem.
A perda do meu ente mais querido não consegue.
A morte também não. Nem a vida. Nem tumultos, guerras, insanidade, falta de identidade, fome, neuroses, ou doenças —nenhuma destas coisas, nem todas elas juntas conseguem alterar o fato de que sou ternamente amada, completamente perdoada e livre para sempre, por meio de Jesus Cristo, Seu filho amado.
—RUTH CALKINS

Certo dia ocorreu-me que tudo que satanás faz tem um único propósito: afastar-nos do amor de Deus. Ele assim o faz não porque nos odeia, mas porque odeia a Deus e fará qualquer coisa para dilacerar o Seu coração e nada entristece mais o coração de Deus do que estar separado daqueles que Ele ama.

De acordo com John Milton, satanás é o lobo que espreita,

> *A quem a fome faz procurar novos lugares para afligir,*
> *Observando onde os pastores encurralam seus rebanhos na véspera*
> *Assim esse grande ladrão penetra no rebanho de Deus.*

A Bíblia faz um quadro bem vivo desse inimigo que está por trás de toda inimizade. Jesus o descreveu como *mentiroso* e *homicida* (João 8:44). Sua estratégia é enganar; seu objetivo é destruir. Ele é a fonte de todas as nossas dúvidas sobre a bondade de Deus. Ele é quem está por trás da fraude que nos golpeia todo dia—as mensagens que nos encorajam a nos encontrarmos em algo ou alguém mais confiável que Deus; das seduções sutis para atender nossas necessidades à nossa maneira, em vez de confiar na sábia provisão do nosso pastor. O diabo nos enche de culpa sobre o passado, negando o perdão incessante de Deus. Ele nos torna ansiosos com o presente, insinuando que Deus não consegue prover. Ele exacerba o terror final da morte, ignorando a vitória do nosso Senhor sobre o túmulo.

As marcas da presença de satanás são ansiedade, culpa e medo—todos firmados na mentira de que Deus, ou não fará, ou nada pode fazer acerca da nossa situação; que o nosso pecado, nosso sofrimento, nossa inadequação, nosso destino—todos estão fora do controle de Deus e além do Seu cuidado. A arte sutil de satanás é nos fazer suspeitar de Deus: "Ele não quer lhe ouvir" sussurra ele nos seus ouvidos. Este é o ardil principal do diabo.

Ele está por trás da amargura de alguma das nossas perguntas: por que os bebês precisam se tornar dependentes das drogas ainda no útero? Por que as mulheres são abusadas física e verbalmente e depois abandonadas como se fossem lixo? E o desespero solitário do homossexual? Será que Deus já pensou como é difícil para nós vivermos apenas com Sua presença invisível; que às vezes ansiamos por abraços de pessoas de carne e osso? Será que Ele tem consciência de que o Seu silêncio nos faz surdos à Sua palavra; que é difícil acreditar que ainda esteja falando conosco hoje em dia? Será que Ele pode compreender a dor enorme da nossa solidão?

Satanás nos atormenta com essas perguntas e as usa para nos afastar de Deus.

Nós perguntamos: "Se Deus é tão amoroso e bondoso, para quê tudo isso?"

Qualquer visão de justiça parece exigir que a vida deveria ser melhor do que ela é, principalmente para aqueles de nós que desejamos Deus e que reagimos ao Seu amor. Deus deveria pegar mais leve e dar-nos uma boa vida. As coisas deveriam ficar mais fáceis à medida que os anos passam, deveríamos crescer em intimidade com Ele, e aproximarmo-nos mais do Seu coração. Para alguns, esta certeza é uma questão de fé, mas Deus não dá respaldo a esta crença.

Nós sofremos. As dores, frustrações, desalentos, humilhações e perdas continuam acontecendo conosco. Muitas vezes a nossa porção é tristeza em cima de tristeza, e às vezes a parte mais dura da jornada ainda está por vir. Tudo isto pode nos convencer de que o mundo é um lugar muito injusto e nos deixar com sérias dúvidas se Deus é bom.

Mas há uma coisa que podemos dizer sobre Deus: pelo menos Ele experimentou do Seu próprio remédio. Ele se sujeitou a todas as indignidades e indecências que o mundo nos inflige.

Seja qual for o jogo que Ele está jogando com Sua criação, Ele obedece Suas próprias regras. Ele não pode exigir nada do homem que não tenha exigido de Si mesmo. Ele próprio passou por toda a experiência humana, desde as irritações triviais da vida familiar, câimbras devido ao trabalho pesado, falta de dinheiro, até os piores horrores da dor, humilhação, derrota, desespero e morte. Quando Ele era um homem, agia como homem. Nasceu na pobreza e morreu em desgraça, e achou que tudo valeu a pena.

—DOROTHY SAYERS

Olhamos para a vida e a morte do Senhor aqui na terra, ouvimos Suas palavras e dizemos "Eis alguém que entende o que estou passando!". Ele experimentou todas as amarguras e dores na vida. Sabe como é difícil voltarmos atrás naquilo que fazemos; Ele entende a nossa inércia e a resistência que a nossa alma tem às mudanças. Ele entende o poder da atração sensual. Sentiu o desdém dos outros; viu seus sorrisos maliciosos e ridicularizantes. Experimentou a frieza e a incapacidade dos outros para entender. Ele sabe, Ele entende. Podemos nos chegar a Ele "Assim, aproximemo-nos do trono da graça com toda a confiança, a fim de recebermos misericórdia e encontrarmos graça que nos ajude no momento da necessidade" (Hebreus 4:16).

As dúvidas vêm e vão, mas elas não precisam nos desanimar. A dúvida não é um sinal de que a nossa fé fracassou, mas de que ela está sendo atacada. Quando as dúvidas vêm, precisamos reagir lembrando-nos da sua origem e que aquilo que satanás diz sobre Deus não é verdade: satanás é um mentiroso. E então, podemos renovar nossas mentes e fortalecer nossos corações com a verdade de que Deus é o Deus "que não mente" (Tito 1:2). Ele é o Deus Eterno, e está trabalhando para o nosso bem.

Para o nosso bem...

Paulo escreve: "Sabemos que Deus age em todas as coisas para o bem daqueles que o amam, e dos que foram chamados de acordo com o seu propósito. Pois aqueles que de antemão conheceu, também os predestinou para serem conformes à imagem de seu Filho, a fim de que ele seja o primogênito entre muitos irmãos" (Romanos 8:28-29).

William Shakespeare escreveu em *Macbeth* que a vida é "um conto narrado por um idiota, cheio de ruído e fúria, sem nenhum sentido". Contudo, Deus diz que cada acontecimento tem um propósito. Todas as coisas estão cooperando para o bem.

É claro que nem tudo que nos acontece é bom. Não há nada de bom no câncer, no envelhecimento, na deficiência permanente. A vida é dura, muitas vezes, mas Deus influencia até nos eventos mais duros, transformando-os em vantagens, explorando-os para o bem. Demonstramos em nossos semblantes abatidos os acontecimentos difíceis e revelamos nossa carência interior. Eles soltam as amarras que nos prendem ao mundo exterior à medida que percebemos que a excelência é ilusória e então nossos corações são atraídos para o amor de Deus. Tais dificuldades nos fazem convergir a Ele e nos moldarmos à Sua graciosa vontade, pois foi para isto que entramos neste mundo: "está escrito a meu respeito; vim para fazer a tua vontade, ó Deus" (Hebreus 10:7). Deus usa cada dificuldade e cada embaraço para nos atrair a Ele e nos conformar à Sua vontade. No que se refere àquele "bem", qualquer circunstância vivida serve.

Quando Deus quer exercitar um homem
E surpreendê-lo
E capacitá-lo
Quando Deus quer moldar um homem
Para atuar no papel mais nobre;
Quando Ele anseia com todo Seu coração
Criar um ser tão ousado
Que todo mundo ficará maravilhado
e observará seus métodos e caminhos!
Como persistentemente Ele aperfeiçoa
A quem Ele majestosamente elege!
Como somos golpeados e feridos
E convertidos por golpes poderosos
Em formas de barro provisórias
Que apenas Deus entende;
Enquanto nosso coração
torturado está chorando
E nós levantamos as mãos suplicantes!

> *Como Deus dobra, mas nunca quebra*
> *Quando resolve fazer o bem;*
> *Como Ele usa a quem escolhe*
> *E em cada propósito nos funde;*
> *Com cada ato nos induz*
> *A provar Seu esplendor*
> *—Deus sabe o que está fazendo!*
> —DALE MARTIN STONE

A severidade de Deus é mais bondosa que a bondade do homem. Como Davi dizia: "É grande a minha angústia! Prefiro cair nas mãos do SENHOR, pois grande é a sua misericórdia, a cair nas mãos dos homens" (2 Samuel 24:14). Há um amor mais profundo do que o amor daqueles que buscam apenas tranqüilidade para aqueles a quem amam.

A intimidade com Deus é nosso bem . . .

Um dos poetas amigos de Davi lutou bravamente com a bondade de Deus. "Certamente Deus é bom para Israel, para os puros de coração", disse Asafe sem muita convicção (Salmo 73:1). Mas a verdade não soou muito bem. Havia muita injustiça no seu tempo. Ele lutava intensamente com a sua própria dor e a de seus vizinhos. Ele não conseguia entender porque aqueles que eram puros de coração também deveriam sofrer.

Ele estava quase soltando as amarras que o prendiam a Deus: "Quanto a mim, os meus pés quase resvalaram; por pouco não escorreguei. Pois tive inveja dos arrogantes quando vi a prosperidade desses ímpios"(Salmo 73:2-3).

Os "arrogantes" são aqueles que não abrem espaço para Deus em suas vidas. Tais pessoas dão crédito somente a si mesmas; nunca agradecem! Eles têm a mentalidade de Toad Tarkington, um dos personagens do escritor Stephen Koontz, que se vangloria: "Humildade é para aqueles que não conseguem. Eu *consigo*".

O poeta Asafe empolgou-se ao escrever:

Eles {arrogantes} não passam por sofrimento
e têm o corpo saudável e forte.
Estão livres dos fardos de todos; como os outros homens;
não são atingidos por doenças.
Por isso o orgulho lhes serve de colar,
e eles se vestem de violência.
Do seu íntimo brota a maldade;
da sua mente transbordam maquinações.
Eles zombam e falam com más intenções;
em sua arrogância ameaçam com opressão.

> *Com a boca arrogam a si os céus,*
> *e com a língua se apossam da terra.*
> *Por isso o seu povo se volta para eles*
> *e bebe suas palavras até saciar-se.*
> *Eles dizem: "Como saberá Deus?*
> *Terá conhecimento o Altíssimo?"*
> *Assim são os ímpios; sempre despreocupados,*
> *aumentam suas riquezas.*
>
> —SALMO 73:4-12

A frase "não passam por sofrimentos" pode ser traduzida por "não há dores na sua morte"—eles morrem em paz e sem dor. Ao contrário do salmista, que é afligido o dia inteiro (Salmo 73:14), eles não são afligidos com doenças humanas. Eles demonstram seu orgulho corajosamente. Outros observam a prosperidade deles e "bebe suas palavras até saciar-se". Usando a nossa língua, o povo "bebe até saciar-se" e os influenciam contra Deus.

No entanto, como o salmista observou, Deus continua a tolerar a arrogância humana. Ele não apenas tolera o orgulho, mas também continua a fazer o bem aos orgulhosos. "A chuva cai sobre o justo e o injusto, mas principalmente sobre o justo porque o injusto rouba o guarda-chuva dele", lamenta um velho adágio.

O salmista estava desanimado: "Certamente foi-me inútil manter puro o coração e lavar as mãos na inocência, pois o dia inteiro sou afligido, e todas as manhãs sou castigado" (Salmo 73:13-14)

O poeta enfrentou toda a dureza do problema: não há recompensa em conhecer a Deus. Por que se preocupar?

Mas então chegou o momento da verdade: Asafe entrou no lugar da revelação para escutar o que Deus tinha a dizer. Ali Deus revelou um fato esquecido ou desconhecido. Isto não é tudo que existe. Há mais coisas na vida do que o aqui e o agora. "Quando tentei entender tudo isso, achei muito difícil para mim, até que entrei no santuário de Deus; então compreendi o destino dos ímpios [em Hebraico: o *depois* deles]" (Salmo 73:16-17). Para usar a palavra exata do profeta, há algo depois.

Ainda que Asafe tivesse poucos bens na terra, ele tinha Deus—para sempre! "Contudo, sempre estou contigo; tomas a minha mão direita e me susténs. Tu me diriges com o teu conselho e depois me receberás com honras" (Salmo 73:23-24).

Essa é a resposta a todas as mentiras de satanás: talvez a nossa porção nesta vida seja luta, dor, desapontamento, irritação, oposição e perdas—mas temos a Deus e o próprio Deus é nosso bem. Pascal dizia que "a felicidade não está nem dentro nem fora de nós, ela está em Deus, tanto dentro quanto fora de nós

[...] Nossa única bênção verdadeira é estarmos nele e nossa única desgraça é estarmos desligados dele".

Os desapontamentos da vida nos mostram o quanto ela é vazia. Então, quando os encantos do mundo começam a desvanecer, começamos a procurar Deus, como o nosso bem. Na medida que nos aproximamos dele regularmente—ouvindo Sua palavra, meditando nos Seus pensamentos, obedecendo-lhe, experimentando a Sua bondade—Ele se revela cada vez mais. Nós entramos na Sua intimidade e começamos a amá-lo por aquilo que Ele é.

"O dever, a honra e a felicidade mais básica dos homens é [...] a adoração" disse Friedrich von Hügel. Em adoração, apreciamos Deus como Ele é. Ansiamos pelo Doador, em vez das Suas doações. Pedimos apenas para estarmos perto dele e sermos como Ele. Nada mais desejamos do que uma entrega total a Ele. Adorando aprendemos a razão pela qual as nossas outras buscas nos deixaram sem fôlego e agitados, cansados e querendo mais.

E assim, ainda que seja difícil de aceitar, necessitamos apenas da presença de Deus. Nossas diversões e pequenos prazeres nunca poderão nos satisfazer. São somente pequenos deleites. *Somente* Deus é a resposta para nossos anseios mais profundos.

Mais uma vez somos confrontados com a inesperada simplicidade: "O Senhor é o meu pastor, de nada terei falta". Neste mundo ou no próximo, Ele é tudo que necessitamos.

Salmo 23

Portanto, quando ouço o que Deus tem a dizer, sei que a única coisa que me resta é voltar minhas energias para Ele, dando-lhe toda a minha atenção e a devoção do meu coração, pedindo-lhe a cada dia que me leve ao lugar onde o ache mais interessante que qualquer pessoa que conheço, qualquer coisa que eu faço, qualquer lugar que eu vou, ou qualquer coisa que eu possuo. É uma questão de voltar-se para Deus. "Não é consagração, mas concentração", como diz Oswald Chambers. Além da salvação, além da santificação, além da glorificação, está a maior alegria de todas: a alegria de conhecer a Deus! (Ver Romanos 5:1-11). É para isso que fui feito. Se não o conheço, minha vida é um fracasso.

Sê minha vida ó Deus de poder
Que eu nunca perca a visão do Teu ser.
Se é noite ou dia, Tu és minha luz;
Tua presença, meus passos conduz.

—ELEANOR H. HULL, TRADUTORA
(COLOCOU EM VERSO A TRADUÇÃO DE MARY E. BYRNE
DO IRLANDÊS ARCAICO PARA O INGLÊS EM 1912.)

Todos os dias da minha vida...

A bondade e o amor de Deus nos seguem, consertando as confusões que deixamos para trás, desfazendo nossos erros (até onde for possível desfazê-los neste mundo), tratando-nos como se nunca tivessem acontecido.

Ele nos segue neste momento, andando à nossa frente e atrás de nós, guiando-nos, levando-nos à pastagem e às águas tranqüilas, protegendo-nos com Sua vara e Seu cajado, chamando e agrupando os dispersos, carregando Seus cordeiros em Seus braços, guiando-nos inexoravelmente para casa.

A vida é cheia de incertezas, complexidades e complicações. Temos pouco poder para mudá-la ou moldá-la à nossa maneira. A cada dia enfrentamos território desconhecido, não mapeado. Não há sinais, pontos de referência, ou marcos. Resta-nos a ambigüidade de Yogi Berra: "Quando chegar a encruzilhada, tome-a".

Necessitamos de um guia—alguém que nos dê conselhos sábios e traga discernimento às nossas decisões.

Tipicamente perdidos, somos sempre escoltados na direção certa; freqüentemente perplexos, estamos sempre na estrada certa. A. W. Tozer corajosamente afirmava: "O homem ou mulher que se entrega total e alegremente a Cristo não consegue fazer uma escolha errada". Ele quer dizer, é claro, que nosso destino eterno não depende da nossa próxima decisão. No final das contas, nenhuma decisão que fazemos é final ou fatal. Podemos pegar o caminho mais estranho para atravessar o deserto, mas podemos ter certeza do seguinte fato: a cada dia, quer saibamos ou não, estamos sendo levados pelo caminho que nos leva para casa.

Temos a tendência de pensar na ajuda de Deus em termos de grandes decisões—onde estudaremos, qual carreira escolheremos, onde moraremos, com quem casaremos? Na realidade, a maior decisão da vida pode ser para qual lado viraremos ao sair da nossa garagem. Alguém no próximo cruzamento pode passar o sinal vermelho e acabar com nossa vida ou mudá-la radicalmente.

A vida é arriscada—não é apenas um labirinto, mas, sim, um campo minado! Quem de nós sabe quais eventualidades nos espreitam no próximo cruzamento? Esta incerteza nos leva a crer, só nos resta confiar a vida a Deus e contar com Sua bondade e amor. Davi disse: "Creio que hei de ver a bondade do SENHOR na terra dos viventes" (Salmo 27:13). Esta confiança nos capacita e nos traz coragem e otimismo para cada dia—desde que saibamos que estamos nos movendo na direção certa.

> *"Qual caminho eu quero seguir?" pergunta Alice ao Gato.*
> *"Você poderia, por favor, me dizer qual o caminho pelo qual devo ir daqui em diante?" "Isto depende muito de onde você quer chegar",*
> *disse o Gato. "Não me importo muito aonde", diz Alice.*
> *"Então não importa o caminho que você seguir", respondeu o Gato.*
> —LEWIS CARROLL

Alguém me fez ver, certa vez, que em termos de Deus há apenas duas opções: ou dizemos "Seja feita a minha vontade" ou "Seja feita a Tua vontade". Frank Buchman diz: "A cura da nossa confusão está neste lugar". "Tornar Deus a autoridade final! Não dizer somente com nossos lábios, mas com a disciplina do coração". A humildade e a dócil aceitação da vontade de Deus são essenciais. Precisamos entregar-lhe nossas vontades, de modo que Ele possa torná-las Suas.

Aqueles que não querem o caminho dele, não o encontrarão, mas aquele que está "firmemente decidido que: 'Tudo que Deus quer, se Deus o quiser, assim o farei' não ficará em dúvida quanto àquilo que Deus quer que ele faça" (Alexandre Maclaren).

Jesus disse, em Mateus 6:22-23: "Os olhos são a candeia do corpo. Se os seus olhos forem bons [focalizados em Deus], todo o seu corpo será cheio de luz. Mas se os seus olhos forem maus, todo o seu corpo será cheio de trevas. Portanto, se a luz que está dentro de você são trevas, [desfocados ou tentando focalizar em mais de um objeto], que tremendas trevas são!" (Mateus 6:22-23). Se quisermos Deus e também qualquer outro deus, estaremos sempre no escuro, mas se fixarmos nossos olhos apenas em nosso SENHOR, Ele esclarecerá nossos caminhos.

O homem sábio diz: "Confie no SENHOR de todo o seu coração e não se apóie em seu próprio entendimento; reconheça o SENHOR em todos os seus caminhos, e ele endireitará as suas veredas" (Provérbios 3:5-6). A pergunta sempre é: queremos os caminhos de Deus? Em caso afirmativo, Ele direcionará nossas veredas. O principal é querermos Deus em tudo que fazemos e confiar em Sua bondade a cada dia—apresentar-nos perante Sua face em humilde submissão—e deixar as conseqüências para Ele.

A palavra de Deus . . .

Deus nos deu Sua palavra como guia. À medida que a lemos, Ele sussurra Seus segredos aos nossos ouvidos; Ele "os leva a conhecer a sua aliança" (Salmos 25:14).

Quando enchemos nossas mentes com Seus pensamentos, aprendemos a discernir o bem do mal; aprendemos a distinguir entre aquilo que é valioso e aquilo que não tem valor, entre o admirável e o ignóbil. Sua palavra nos capacita a andar pela vida e evitar as minas terrestres. Ela nos dá uma sabedoria prática, nos torna sábios para o dia-a-dia. Fazemos bem em saturar nossas mentes com esta erudição.

Necessitamos de mentes que estejam tão embebidas com o conteúdo das Escrituras, tão imbuídas de visões e princípios bíblicos, tão sensíveis à inspiração do Espírito Santo que saberemos instintivamente o passo correto a tomar em quaisquer circunstâncias, sejam elas grandes ou pequenas. Por conseguinte, o uso mais importante das Escrituras com relação ao direcionamento, é que através do seu estudo você possa se familiarizar com os caminhos e pensamentos de Deus.
—JOHN WHITE

Certa vez, quando Jesus estava a caminho de Jerusalém, Seus discípulos colocaram objeções ao Seu roteiro: Eles disseram, "Mestre, há pouco os judeus tentaram apedrejar-te, e assim mesmo vais voltar para lá?" Insinuavam que o discernimento de Jesus era falho.

Jesus lhes respondeu com uma pergunta: "O dia não tem doze horas? Quem anda de dia não tropeça, pois vê a luz deste mundo. Quando anda de noite, tropeça, pois nele não há luz"(João 11:9). Ele queria simplesmente dizer: se a palavra de

Deus é uma lâmpada para nossos pés, não nos desviaremos para longe do Seu caminho. Realmente só sabemos em parte e certamente erraremos de tempos em tempos, mas não faremos quaisquer erros desastrosos—nada que prejudique o bem insuperável de conhecer Deus e de apreciá-lo.

As pequenas coisas . . .

E que tal as decisões moralmente neutras, as chamadas 'pequenas coisas da vida': o que comer ou beber, o que vestir? Há pouco espaço para incertezas aqui. Sem que percebamos, a mão irresistível de Deus está por trás de cada decisão que tomamos e tudo que fazemos. Ele se preocupa com pequenos detalhes dos nossos dias, e deixou tudo preparado para que a Sua vontade se realize.

Nosso caminho é problema dele, não nosso. Nossa parte é confiar nele com todo nosso coração e nos recusarmos a depender do nosso próprio entendimento. Certamente precisamos planejar e nos preparar, mas devemos planejar e sonhar de maneira mais leve, dando a Deus o direito de revisá-los e substituí-los sem a nossa aprovação ou conhecimento, permitindo que Ele nos aconselhe, corrija, inspire e motive, sabendo que a Sua mão convincente está direcionando tudo que fazemos.

Confiar que Ele nos guia significa que freqüentemente não entenderemos, que não estaremos no controle, viveremos com incertezas, desistiremos da segurança dos nossos próprios planos, viveremos num mundo onde a nossa confiança na bondade e amor de Deus serão nossa única certeza.

Henri Nouwen escreve: "A passagem da ilusão [a ilusão de que estamos no controle] para a dependência é difícil de fazer, pois nos leva de falsas certezas para incertezas verdadeiras, de um fácil sistema de apoio para uma rendição arriscada, e de muitos deuses 'seguros' para o Deus cujo amor não tem limites".

Como isso é verdadeiro! Depender unicamente de Deus necessita de um tipo especial de humildade de nossa parte, a qual admite que não podemos controlar as circunstâncias das nossas vidas, que não temos as respostas às perguntas difíceis da nossa existência, e que não temos poder para causar quaisquer resultados eternos. Tudo que podemos fazer é confiar na sabedoria e amor do nosso Pastor e segui-lo para onde quer que nos guie. Todavia, se o seguirmos, Ele dirigirá nossas veredas de maneira silenciosa, sem obstruções.

Mas nós dizemos: "Como saberei o que fazer?"

Não lhe posso dizer como. Tudo que sei é que quando chegar a hora de sabermos, saberemos. "Ele vai ajudar você", assegura-nos George MacDonald, "não tema o 'como'".

Salmo 23

Se estivermos inseguros, não deveríamos nos apressar a decidir o que fazer. Em vez disto, deveríamos esperar—esperar perante Deus em silêncio e fé. Ele falará; Ele está mais disposto a falar do que nós estamos dispostos a ouvir. Na realidade, Ele já está falando. Apenas precisamos ouvir.

E assim, enquanto vivemos, oramos como Davi orava: "Mostra-me, SENHOR, os teus caminhos, ensina-me as tuas veredas; guia-me com a tua verdade e ensina-me, pois tu és Deus, meu Salvador, e a minha esperança está em ti o tempo todo" (Salmo 25:4-5).

Ele está ajudando agora, neste momento,
Ainda que eu não consiga vê-lo ou ouvi-lo,
Talvez através de um amigo bem distante,
Talvez através de um estranho por perto,
Talvez através de palavras ditas,
Talvez através de palavras escritas;
Em maneiras que conheço e desconheço
Tenho a ajuda do Senhor.

Ele está me sustentando agora, neste momento
Da maneira que mais preciso,
Talvez por um único anjo,
Talvez por meio duma hoste poderosa,

Talvez pelas algemas que me assustam,
Ou pelas paredes que me prendem
Em maneiras que conheço e desconheço
Ele me livra do mal e do pecado.

Ele está me guiando agora, neste momento,
Em caminhos fáceis e difíceis,
Talvez por uma porta bem aberta,
Talvez por uma porta bem fechada,
Talvez por uma alegria retida,
Talvez por uma alegria recebida;
Em maneiras que conheço e desconheço,
Ele está me levando para o céu.

Ele está me usando agora, neste momento,
E quer vá ou fique,
Talvez por um plano realizado,
Talvez quando firma minha mão,
Talvez por uma palavra oportuna,
Talvez por uma oração silenciosa;
Em maneiras que conheço e desconheço,
Do seu trabalho de amor eu compartilho.

—ANNIE JOHNSON FLINT

Salmo 23

Habitarei na casa do Senhor para sempre...

Há alguma promessa melhor em toda a palavra do Pai?
"E habitarei na casa do Senhor para sempre".
—ANNIE JOHNSON FLINT

Há um divisor de águas em nossas vidas. Nós alcançamos o topo, ficamos ali por um momento, e então estamos do outro lado do monte. Daquele momento em diante tudo é declive. Mas não importa, pois nós estamos indo para casa.

Para casa, retornando de destinos incertos
Para casa, livre do clima frio e estrangeiro
Para casa, para os braços do "Nosso Pai",
Onde sou todo dele e ele é meu.
—OSWALD CHAMBERS

Em casa, ali é onde está o meu coração.

"Finalmente cheguei a casa!" gritou o unicórnio dirigindo-se ao céu, ao bater sua pata direita no chão. "Finalmente cheguei a casa! Este é o meu verdadeiro país! Aqui eu pertenço. Esta é a terra que estive procurando por toda a minha vida, ainda que não a conhecesse até agora. A razão pela qual amávamos a velha

Nárnia era que, às vezes, ela se parecia um pouco com isto" (*A Última Batalha*, C. S. Lewis).

Não que o céu se pareça com nossa casa. Ele é de fato nossa casa. Nossas casas terrenas são meros sinais ou reflexos, símbolos rudimentares de calor, amor, intimidade e familiaridade. A realidade final é a casa do nosso Pai—onde há um pai que nunca morre, que dá um lar aos solitários, que nos trata como família, onde o verdadeiro amor nos aguarda; onde somos incluídos, 'acolhidos'.

Já ouvimos falar de Odisseu, o Holandês Voador, Frodo, e E.T., que queriam ir para casa; e nós também queremos ir para casa—para aquele lugar imune às mudanças, onde Deus enxugará cada lágrima dos nossos olhos, onde poderemos parar de "quebrar nossas asas pelas culpas que temos", onde todos teremos um amigo, onde o amor nunca cessará, onde tudo finalmente irá cooperar para o bem.

Aqui tudo corre mal; lá tudo irá bem. Nada se perderá, nada desaparecerá, nada cairá aos pedaços ou irá pelo ralo abaixo. O céu é a resposta divina à lei de Murphy.

Nem todas as nossas feridas podem ser curadas nesta vida. Há algumas que teremos por toda nossa vida, porém, como disse um amigo meu, "Se você expor suas feridas à luz solar do amor de Deus, elas nunca vão supurar, e no céu serão curadas".

Alguns ferimentos aguardam a cura no céu. É ali que a "grande e sangrenta ferida, da qual todos nós sofremos, será eternamente curada" (C. S. Lewis).

Aqui nesta vida, somos libertos da vergonha, da culpa e do medo pelo amor de um Deus perdoador; há uma melhora substancial, mas não há cura completa. Nascemos com corações partidos, e alguma sensação desta quebra estará conosco todos os dias da nossa vida. Nunca seremos totalmente sãos. Sempre haverá algum tipo de dor interior que coexistirá com a nossa alegria e paz, um anseio vago—saudades de casa—que vai se prolongando até entrarmos em casa. Estamos satisfeitos aqui, mas quase nunca plenamente.

Num destes dias iremos para casa e tudo terminará. Pense num lugar onde não há pecado, nem dor, nem brigas, nem ameaças, nem abandonos, nem inseguranças, nenhuma luta com baixa auto-estima. O céu é o lugar onde tudo que nos entristece será banido. Seremos libertos de tudo que estragou ou dificultou nossas vidas.

É perturbador olhar o futuro e ver a mesma estrada impossível se estendendo à nossa frente, seguindo indefinidamente. Quando pensamos que não há razão para nossa miséria e que ela não tem fim, somos levados ao desespero e à rebelião. É por isso que temos conforto ao entender que isto *não* vai durar para sempre. Um dia, tudo que Deus está fazendo terá um fim. Ele virá por nós e nós iremos para casa.

Talvez lhes surpreenda saber que Davi conhecia tanto sobre o céu. A maioria das pessoas que lê o Velho Testamento nunca pensa em procurar o céu ali, mas ele está lá—em símbolo e canção, em metáfora e figuras. Os antigos gostavam muito mais das analogias do que nós. Eles descreviam quadros: pastos verdejantes, campos Elíseos, luz. Uma das imagens mais convincentes é aquela do próprio Deus nos acolhendo em Seus braços.

O pensamento ocorreu na história de Enoque, que andou com Deus por trezentos anos "e já não foi encontrado, pois Deus o havia arrebatado" (Gênesis 5:24). Enoque e Deus saíram para caminhar juntos e se afastaram demais de casa. O velho patriarca estava muito cansado para andar todo o caminho de volta, e então Deus o levou.

Um dos cantores de Israel via a si e aos outros como "destinados à sepultura", porém depois continua dizendo: "Mas Deus redimirá a minha vida da sepultura e me levará para si" (Salmo 49:14-15).

E também temos o poeta que aprendeu sobre a presença de Deus a partir dos perigos que enfrentou: "Contudo, sempre estou contigo;" ele concluiu. Pois agora "tomas a minha mão direita e me susténs. Tu me diriges com o teu conselho, e depois me receberás com honras" (Salmo 73:23-24).

Ser acolhido. Eu gosto dessa maneira de olhar para minha morte. Lembra-me de algo que Jesus disse: "Vou preparar-lhes lugar. E se eu for e lhes preparar lugar, voltarei e os levarei para mim, para que vocês estejam onde eu estiver" (João 14:2-3).

Essa é a revelação fundamental sobre o céu em ambos os Testamentos: ser levado, ser recepcionado, ser recebido, ser abraçado, ser incluído. Para os filhos de Deus a morte não é uma frustração amarga, mas uma mera transição a um amor maior e permanente—um amor não alterado pelo tempo, não ameaçado pelo mal, não destruído pelo medo, não envolvido pelas dúvidas.

Todos os sonhos de Deus terminam bem; todos os filhos de Deus vivem felizes para sempre. Este é o item preferido da minha fé.

Nunca mais terão fome,
nunca mais terão sede.
Não os afligirá o sol,
nem qualquer calor abrasador,
pois o Cordeiro que está
no centro do trono
será o seu Pastor;

ele os guiará às fontes
de água viva.
E Deus enxugará dos seus olhos toda lágrima".
—APOCALIPSE 7:16-17